新时期高校人力资源管理理论与创新

赵 娟 ◎ 著

吉林出版集团股份有限公司

图书在版编目（CIP）数据

新时期高校人力资源管理理论与创新 / 赵娟著. 一长春：吉林出版集团股份有限公司，2022.4
ISBN 978-7-5731-1358-0

Ⅰ.①新… Ⅱ.①赵… Ⅲ.①高等学校－人力资源管理－研究 Ⅳ.①G647.23

中国版本图书馆 CIP 数据核字 (2022) 第 055562 号

新时期高校人力资源管理理论与创新

著　　者	赵　娟
责任编辑	滕　林
封面设计	林　吉
开　　本	787mm×1092mm　　1/16
字　　数	210 千
印　　张	9.75
版　　次	2022 年 4 月第 1 版
印　　次	2022 年 4 月第 1 次印刷
出版发行	吉林出版集团股份有限公司
电　　话	总编办：010-63109269
	发行部：010-63109269
印　　刷	北京宝莲鸿图科技有限公司

ISBN 978-7-5731-1358-0　　　　　　　　　　　　定价：68.00 元

版权所有　侵权必究

前　言

　　人才是社会发展的关键，高校是培养人才的摇篮。新时期下，经济和社会的发展对高素质人才的要求愈加明显。因此，加强高校人力资源管理就显得尤为重要。新形势下，高校只有从难点问题着手，加强对人力资源管理特点的认知、管理方式的变革和管理理念的创新，才能实现高校人力资源的合理配置，提高高校综合竞争力。

　　在计划经济体制的影响下，高校人力资源管理长期采用一种静态的、封闭式的人事管理制度。人力资源的行政配置性在高校人事管理观念中根深蒂固，一些高校的人事工作普遍存在着循规蹈矩的情况，在用人上注重教师的学历职称，对工作缺乏积极性和创造性，注重教师的数量，忽视教师的质量。

　　从职称结构看，高级职称的教师比例较低，而且高级职称的教师多数为年龄较大的教师。从学历结构上讲，具有博士学历的教师数量较少，具有研究生学历的教师多些，还有一部分本科学历的教师。人才的学历结构、职称结构等不能适应教学、科研等工作需要。相当比例的高校不同程度地存在一般教师过剩而高层次科研型教师不足、师资队伍与专业不相适应等问题。

　　目前，高校人才选拔和激励机制仍然不够完善，衡量教师水平和学术的最主要的标志仍然是职称。高校将很大一部分精力放在了对高学历人才的引进上，而缺乏对现有职工的培养。由于缺乏规范化绩效考核等制度，多数高等学校在教师引进、培养及工资等方面还是停留在上级文件上，加上缺乏有效的激励机制，教师的工作积极性难以调动。

　　本书主要讲述了现代人力资源管理的基本理论、人力资源战略规划、组织与人力资源管理、新时期高校人力资源管理的基本理论、新时期高校人力资源管理模式、新时期高校人力资源管理人才培养、高校人力资源管理的实践应用研究等内容。本书的知识自成体系，论述丰富，对该领域的研究具有一定的参考价值。

　　由于本人水平有限，时间仓促，书中不足之处在所难免，望各位读者、专家不吝赐教。

目 录

第一章 现代人力资源管理的基本理论 ·· 1
- 第一节 人力资源管理概述 ··· 1
- 第二节 人力资源管理的战略性作用 ····································· 4
- 第三节 人力资源管理思维 ··· 7
- 第四节 人力资源管理的人性化 ·· 13
- 第五节 管仲的人才思想与人力资源管理 ································ 16
- 第六节 传统人事管理趋向现代人力资源管理的转变 ······················ 22

第二章 人力资源战略规划 ··· 25
- 第一节 人力资源战略规划的内容及其重要性 ···························· 25
- 第二节 企业人力资源战略规划的编制方法 ······························ 27
- 第三节 战略性人力资源规划与预测 ···································· 31
- 第四节 基于战略管理视角下的人力资源规划 ···························· 33
- 第五节 战略扩张期企业人力资源发展规划 ······························ 36

第三章 组织与人力资源管理 ··· 39
- 第一节 非盈利组织的人力资源管理 ···································· 39
- 第二节 公共组织人力资源管理 ·· 42
- 第三节 学习型组织的人力资源管理 ···································· 45
- 第四节 我国非政府组织人力资源管理 ·································· 49

第四章 新时期高校人力资源管理的基本理论 ································· 54
- 第一节 高校人力资源管理的现状 ······································ 54
- 第二节 高校人力资源管理的创新途径 ·································· 57
- 第三节 知识经济与高校人力资源管理 ·································· 63
- 第四节 高校人力资源管理文化建设 ···································· 65

第五节　高校人力资源管理信息化建设 ································ 69

第五章　新时期高校人力资源管理模式 ································ 73
　　第一节　高校人力资源管理模式与发展方向 ·························· 73
　　第二节　高校教师人力资源管理模式的创新 ·························· 76
　　第三节　高校图书馆人力资源管理模式 ······························ 81
　　第四节　高校后勤人力资源管理的激励模式 ·························· 84
　　第五节　高校人力资源管理的教师绩效考核模式 ······················ 87
　　第六节　高校人事管理向人力资源管理模式的转变 ···················· 91
　　第七节　大数据时代下高校人力资源管理的择优选择模式 ·············· 94

第六章　新时期高校人力资源管理人才培养 ···························· 97
　　第一节　人才体系建设对人力资源管理的影响 ························ 97
　　第二节　高校人力资源管理专业人才培养存在的问题 ················· 100
　　第三节　高校人力资源管理中人才培养模式的转型 ··················· 103
　　第四节　高校人力资源管理国际化人才培养 ························· 109
　　第五节　高校人力资源管理专业实践性人才培养 ····················· 118
　　第六节　基于创新人才培养的人力资源管理 ························· 121
　　第七节　人力资源管理专业立体思维能力培养 ······················· 123

第七章　高校人力资源管理的实践应用研究 ··························· 128
　　第一节　高校人力资源管理在移动互联网中的应用 ··················· 128
　　第二节　心理学在高校人力资源管理中的应用 ······················· 131
　　第三节　绩效考核在高校人力资源管理中的应用 ····················· 134
　　第四节　项目管理在高校人力资源管理中的应用 ····················· 137
　　第五节　基于J2EE的高校人力资源管理系统开发与应用 ··············· 140
　　第六节　"柔性管理"理念在高校人力资源管理中的应用 ·············· 142
　　第七节　鲇鱼效应在高校图书馆人力资源管理中的应用 ··············· 144
　　第八节　"以人为本"理念在高校人力资源管理中的建立与探索应用 ···· 147

参考文献 ··· 151

第一章 现代人力资源管理的基本理论

第一节 人力资源管理概述

要充分发挥人力资源的作用,就必须适应时代的发展,改革传统的人事管理。为此,高校可以从战略、动态、虚拟化、信息和多样化等方面入手,以推动人力资源管理的创新。

一、新时期人力资源管理的特点

(一)人力资源管理观念正由战术性向战略性转变

我国人力资源在管理上正逐步发展,现在,越来越多的企业意识到人力资源管理是组织中最重要的资源。它通过人力资源管理者与其他管理职能的相互作用,在实现组织的整体目标方面发挥着重要的作用。人力资源管理工作者逐步从运营和行政事务中脱离出来,改变以前那种服务和服从的模式,成为一个负责管理发展组织能力的人。

(二)人力资源开发已成为培育企业的核心竞争力的源泉

企业核心是以企业技术发展创新能力为核心的复杂系统,包括企业的应对能力、制造能力、营销能力、联合服务和组织管理能力。人力资源发展管理现状主要取决于技术创新等多项综合能力。因此,公司的基本能力本质在于人力资源开发。如果在没有管理者开发人力资源,那么企业的核心竞争力将会变为无本之木。现在已步入信息时代,在以服务为前提的经济环境中,核心竞争力越来越多地反映在建立、发展和应用有限的知识和经验的能力上。

二、人力资源管理存在的问题

(一)造成人力资源浪费

如今,大多数公司都在招聘人才作为资源。无论是否需要,这些公司都会单方面追求这些资源。如果一个人具有众多的知识和才能,那么社会将给他更多的工作机遇。同时,由于他成为一个稀缺的人才,社会提供的报酬水平将相对较高。如果企业想要雇用和留住这样的人才，则可以按照社会标准向他支付更高的工资，这象征着企业增长了成本。

（二）反馈渠道不够通畅

在进行绩效评估过程之后，会有一个或多个反馈来确认员工关心的问题以及存在哪些具体问题，并根据这些问题产生的原因来确定处理这些问题的行动计划。但是，由于一些公司的高管和领导都不重视这项工作，所以员工并没有得到直接有效的反馈，这对任何人和企业都没有意义。对于这些状况，人力资源管理部门应首先使组织关联合理化，其次应该全力提升管理者对反馈培训的认识，使他们明白有效的反馈不但可以为员工提供真相，还可以让员工有机会讨论当前和未来的目标。

（三）缺乏改善绩效措施

有些公司不但缺少有效的交流和反馈，而且还缺少以人为本的绩效改进措施。管理者的概念是，年度绩效考核系统仅用于帮助决定员工的晋升或薪资水平，且考核过后没有任何意义。

三、关于新时期人力资源管理工作的思考

（一）在重视知识人才上下功夫

重视知识型人才，必须在他们的个人成长和职业规划上下功夫，使他们有才华并能展示自己的才华，为就业提供保障；为他们提供更自主的工作环境，使他们能够更好地发挥主观能动性和创造力；同时，有利于人才创新和建立灵活的工作体系，使工作方式更加灵活多样。

（二）在营造创新文化上下功夫

为了吸引知识型人才，企业必须努力创新文化。企业必须竭力创造一个有足够革新力的氛围，有利于企业的发明、创建以及将来的技术的开发；促进富有挑战性的思想形成，激励员工对实际问题提出质问，不断地思考和创新。这可能有一定的风险，但公司的文化氛围和管理策略将激起员工的创设性，提高员工的竞争力，并吸引大量优秀的知识型人才。企业文化是人力资源中的一个关键管理机制。具有员工认同的文化管理可以为企业的长久发展提供动力，使企业的发展能够满足时代的需求。

（三）在实行柔性管理上下功夫

"灵活管理"是相对于"刚性管理"提出来的。"刚性管理"以规章制度为基础，通过制度约束、纪律监督、奖惩规则等方式管理员工。这是泰勒管理模式的目标。"灵活管理"以人为本，基于对人们心理和行为规律的研究，基于共同的企业价值观、文化和精神氛围，在人格管理上可选择非强制性方法创造一种潜在的说服力，从而将组织意识转化为个体的

自愿行为，充分发挥员工的主动性和主观能动性。

（四）在坚持以人为本上下功夫

以人为本，是指在管理期间，让员工进入核心位置，充分发挥员工的主动性和主观能动性，使企业受益最大化。在新经济时期，人才是企业最关键的资源，是掌控企业气运的主人。企业应该把员工视为企业最关键的资源，相信员工、爱戴员工、仰仗员工并且使员工处于管理的主要职位。管理活动应该集中在充分利用和开发人力资源，引发员工的创新生机和精神，实现人的全面而自由的发展，为实现公司的方向和员工的发展，方向是相同的。人的全面自由发展是以人为本的，是管理的本质，是企业人力资源管理的核心思想。

（五）在人力管理创新上下功夫

人力资源管理工作的革新是多方面的，要关注人才，企业就必须了解人才的各方面需求。员工的文化背景、心思和处事方式是不同的，单一的人力资源管理形式很难满足员工的个性化需要。因此，对待每个员工要实现个性化管理，要采用不同的激励机制、考核方式或培养训练模式，以满足每个员工的需求，调动他们的主动性，促进他们不断提高自我价值，促使他们更好地为企业办事。

在新的时代，企业必须做好内部人力资源管理，革新势在必行，需要企业努力寻找在人力资源管理期间出现的问题，并根据问题做出有针对性的处理计划和解决办法，通过人力资源管理为企业提供更多的优秀人才，让人才一心一意为企业的发展和建设服务，最终为企业争取更大的市场份额，使企业在竞争日趋激烈的市场中立于不败之地，为企业的可持续发展提供人力资源保障。

四、人力资源管理创新的途径

现代企业可以通过创新管理理念，坚持与时俱进，设置培训机制，培养优秀人才，满足员工意愿，健全激励制度等方式，实现人力资源管理模式的创新。

（一）创新管理理念，坚持与时俱进

现代企业人力资源管理需要坚持与时俱进的思想理念，结合企业发展的需求，不断实现人力资源管理理念、管理模式的创新。企业需要坚持以人为本，了解员工的意愿，将员工工作目标与企业发展目标进行融合，提高员工工作的积极性，进而促进现代企业的持续发展。企业需要创造一个充满激情的工作环境，在公平、公正且激励的氛围中，保持员工的工作积极性。企业人力资源管理需要提倡创新性思维、挑战性思维，设置一定的工作目标，鼓励员工结合实际情况提出疑问，使员工也能够参与人力资源管理工作，增强员工的企业归属感、认同感。企业需要实现向知识型转型，创新人力资源管理的模式，以实现企业的稳定发展。

（二）设置培训机制，培养优秀人才

在知识经济时代，人才的价值十分突出。企业人力资源管理在引进人才的同时，也需要加强对内部人才培养的重视程度，以培养更多的优秀人才。企业需要制定相关的培训制度，定期进行专业知识的讲解和技能的培训，将先进的理念、专业的技术引入其中，为员工实施知识的"充电"，增强企业员工的业务能力、服务意识。培训的内容主要包含具体的业务知识、专业操作技巧、服务规范和企业的文化等。在员工接受完成培训后，企业还可以对员工实施学习情况的考核，提升员工对参与培训活动的重视程度。在此基础上，企业还需要强化信息化技术培训，培养更多信息技术管理人才，增强企业的信息处理能力，对各类资源进行优化利用，使企业管理模式得到创新，同时也能够满足当前信息化时代的发展要求。

（三）健全激励制度，满足员工意愿

企业在进行人力资源管理工作时，需要建立健全激励制度，完善员工激励体系，将员工个人的利益与企业的利益相互融合，保持员工工作的积极性与主动性。企业人力资源管理部门需要对员工的个人意愿进行充分了解，为其提供满意的薪资待遇，避免人才的流失。企业需要制定科学、合理的考核制度和激励制度，定期对员工的工作情况予以考核，且结合员工绩效考核的结果、业绩水平等进行薪资的调整。针对业务能力较强的员工，需要给予其适当的奖励；针对业务能力较差的员工，则需要对其实施适当惩罚，使员工能够明白进步的方向与进步的必要性。奖励的方式可以结合员工情况适当选择，比如，培训奖励、晋升资格奖励、奖金奖励、旅游奖励或者休假奖励等，以满足员工多样性需求，使每一位员工均能够积极进取，充分彰显激励制度应用的价值。惩罚的方式则可以通过扣除奖金、通报批评等方式实施。激励制度的应用需要坚持公开性、公平性的原则，对员工情况实施定期考核，进而使企业朝着稳定性、科学性的方向发展。

企业人力资源管理对现代企业的发展影响较大，特别是在当前知识经济时代下，人才的数量和质量直接关系到企业的市场竞争能力。企业需要提升对人力资源管理的重视程度，结合当前企业发展的现状进行改革与创新，明确自身的不足之处；采用创新管理理念、优化管理方式、适当融入激励制度等方式，保持员工工作的积极性，促进现代企业的持续发展。

第二节 人力资源管理的战略性作用

随着时代的高速发展，经济和科技水平也在不断提升，企业所面临的经营环境更加复杂多变。企业进行完善的战略型人力资源管理有助于较好地把握企业发展节奏，提升企业竞争力，应对日趋激烈的市场竞争。基于此，本节首先进行战略性人力资源管理的作用分析，然后，根据企业运营情况和市场环境提出完善企业战略性人力资源管理的策略。

一、战略性人力资源管理的作用

（一）提升企业的竞争力

现阶段，我国科学技术水平不断发展，经济水平也逐步提高，尤其是随着经济全球化程度的加深，企业所面临的竞争日益激烈。要想在激烈的竞争中立于不败之地，具有较强的科技和创新实力是企业必备的条件。战略性人力资源管理作为高级人力资源管理策略，结合企业战略发展规划，有针对性地制订企业的人才发展计划和活动部署，能够为人力资源质量提升创造优良的环境，为企业竞争优势形成创造巨大的推动力。企业人力资源作为企业发展的核心要素，在企业发展的各个阶段，能够及时满足企业所需，能够为企业提供高质量人才，易形成高质量的人才发展推力。高素质员工队伍所具有的能力和素质是企业最宝贵的财富，是企业核心竞争力形成的重要保障。

（二）强化企业创新力

战略型人力资源管理不仅仅是对员工进行管理，更多的是将企业和员工双方进行有机的融合，让人力资源状况和企业发展状况相融合，为企业提供源源不断的发展动力。企业要根据自身发展的不同阶段进行员工的多样化培训、招聘，及时补充企业需要的适合时代发展的技术型、创新型人才，增强企业人才的创新力。加强企业的战略型人力资源管理有助于在企业内部创设良好的学习环境，形成具有特色的企业文化和企业软实力，为企业发展创新提供人才和知识保障。

（三）增强企业的环境适应能力

当下，企业所面临的市场环境和技术环境变化较快，加之具有国际化经营战略的企业需要面临的国外政治、经济和文化环境与原来的环境具有很大的区别，因此，企业良好的适应力在市场竞争和国际化市场开拓中具有尤为重要的作用。在这种情况下，切实增强企业的环境适应能力就显得尤为重要。企业在运营过程中，应充分结合客户的要求，及时地调整人员安排和方案对策，以此更加灵活地掌控个人以及企业组织。在这一过程当中，企业需要科学合理地配置企业内部和外部资源，并充分结合企业的实际状况，制定出一套完善的市场策略，最终促进企业提升运行效率。与此同时，我国人力资源管理制度的不断发展，在很大程度上加大了对于员工利益的保护力度。在这种情况下，企业人力资源管理活动必然就会受到一定的制约。一旦企业存在违规违法行为的话，必然就会在很大程度上影响企业的健康、可持续发展。由此不难看出，实施战略性人力资源管理，是建立在国家法律规章制度的基础之上来更加规范化地管理企业员工；通过这样的方式，能够更加有效地控制企业所面对的法律风险问题，将极大地促进企业的可持续发展。

二、企业战略性人力资源管理的策略

（一）树立战略人力资源管理的观念

现如今，有较多企业尤其是中小企业较不重视企业人力资源管理，人力资源部的建设较不完善，例如，缺乏管理制度、部门建制不完善、缺乏培训部门等。这对企业的人才管理工作起到了较大的阻碍作用。企业应全面梳理人力资源管理观念，树立人才观念，在企业内部多层次形成重视人才、发展人才的良好氛围。管理层应加强对人才引进和重视程度，人力资源部和各其他部门也应在企业发展过程中加强对员工的培养。员工也应加强学习，增进学习动力，及时掌握应有的技能，把握好战略性人力资源管理。

（二）构建人力资源规划，完善管理制度

人力资源规划是企业人力资源工作战略性的体现，包括制定企业发展战略，制订匹配与企业发展的人力资源计划，及时做好人员的培训和招募工作；根据企业需要，为企业进行人力资源供给，完善企业人才体系。另外，企业发展具有不确定性，在企业发展方向偏转的过程中，应动态地进行企业人力资源计划的调整，保证人才供给适度。企业要完善企业人力资源管理制度，防止出现人力资源管理无规可依的现象，促进人才管理向规范化、制度化发展。

（三）企业战略薪资和激励管理

企业的薪资待遇和人才价值观之间存在着极为密切的联系。基于此，企业应充分结合企业员工在实际当中的表现，合理创建岗位薪酬体系。在这一过程当中，企业不仅要考虑企业内部因素，同时也应掌握同行业同职位的薪资待遇，最大限度地确保公平性。另外，企业应结合员工的表现建立适度的奖惩机制，对于表现较为优异的员工应建立多样化的激励体系，例如，通过年终奖金、全企业层面表彰等，将精神激励和物质激励进行有机融合，提升激励层次；对于表现不好的员工应及时给予帮助和支持，协助他们解决工作和生活中的问题，充分体现对员工的关怀，促进其工作效率的提升；对于在企业内部产生较大不良影响的员工应及时给予处罚，适当把握处罚力度，防止他们再次发生类似错误。这样一来，不仅能够留住更多优秀的人才，还能为企业发展提供不竭的发展动力。

综上所述，随着企业竞争的日益激烈，树立战略性人力资源管理举措具有重要意义。由此，企业应正确树立战略性人力资源管理理念、构建长远发展规划、完善相关制度规范、加强企业战略薪资和激励管理等有效手段，促使企业构成良好的核心竞争力，促进企业健康、可持续发展。

第三节　人力资源管理思维

在现代社会，无论是国与国之间的竞争，还是组织与组织之间的竞争，归根到底都是人与人之间的竞争。换言之，一个国家或组织的人力资源状况及其开发利用情况，直接决定了这个国家或组织的有效性以及能够取得的成就。这种情况直接影响了我国人力资源效力的发挥，同时也影响各类人才的工作和生活质量提高以及总体福利的增进。概括来说，各级管理者应当在以下几个方面树立正确的人力资源管理观：

一、理解人的经济价值

计划经济和市场经济的一个很大区别就在于，计划经济否决了个人在就业等很多方面的自我选择权，人力资源的配置完全是由国家控制的，再加上工资、福利也是国家统一规定的，所以人力资源的成本和收益都没有得到很好的体现。也正因为如此，在一些管理者的思维中并没有关于人力资源的成本和收益的概念，甚至认为人的经济价值不如机器设备或者物力投资重要。美国经济学家舒尔茨和贝克尔等人通过研究得出了人力资本投资收益率超过物力资本投资收益率的结论，同时还证明了人力资本对经济增长的贡献是超过物力资本的。20世纪以来，在各类报纸杂志上频繁出现的"人才战争"的概念就很好地反映了企业在争夺人才方面的激烈程度。总之，管理者必须能够理解，一方面，在市场经济条件下，人的经济价值是极大的；另一方面，不同的人所具有的经济价值也是不同的。只有能够理解人的经济价值，管理者才会真正重视人，尤其是重视人才。

二、正确的人性观

一方面，人力资源对于国家的经济增长以及企业竞争力的增强都具有重大作用；另一方面，人毕竟不同于一般的物力资源，人在参与价值创造的过程中是存在主观能动性的，同样的人力资源投入到生产或工作过程之中，在受到的激励和约束不同的情况下，所产生的工作成果或生产率也会差别较大。因此，想要充分利用人力资源的价值，首先就必须理解人性。中国自古以来都存在人性善恶的争论，然而，简单地将人性解释为善或恶，实际上都不妥当，简单地根据这种人性的二分法设计的管理制度和管理方法往往都很难奏效。事实上，我们通常是通过人的行为来判断人性善恶的，因此，管理者必须认识到人性的善恶并非问题的关键所在，真正重要的是制度。好的制度能够不断激发出人性的光辉，会让好人变得更好，甚至使得坏人都不得不做好事；而坏的制度却会诱使好人变坏，而坏人则会变得更坏。所以，管理者必须有能力制定出鼓励人们"行善"而不是去"作恶"的制度。

三、全面的激励思维

管理者要想激发人的工作积极性，一个很重要的方面是要在充分理解人性的基础上，理解激励的基本原理，从而能够针对不同的人有选择地采用最为有效的激励工具和激励方法。这里有两点很关键：一是管理者必须理解激励的基础是人的需要，而激励的过程也是满足一个人的需要，从而换取人对组织或社会的回报的过程。由于人的需要是多层次或多方面的，既有生存等方面的低层次需要，也有尊重和发展等方面的高层次需要。因此，激励的方法也是多种多样的，除了常规的提高薪酬、福利之外，工作和生活的平衡、发展和进步的机会、能力和绩效得到管理与同事的认可和尊重以及充分发挥个人潜能的机会等，都能够成为激励人的手段。因而，优秀的管理者必须掌握多种激励工具和方法，而不能仅仅拘泥于一两种激励手段。二是管理者必须清醒地意识到，不同的人会有不同的需要，在一个人有多重需要的情况下，会有一两种主导需要，同时还会有一些额外需要。即使是同一个人，在人生或事业发展的不同阶段也很可能会产生不同的需要，主要需要和次要需要也会处于变化之中。两代人之间的需要也经常会出现比较明显的变化。比如，当独生子女占主流的80后甚至90后走上工作岗位之后，对这些人的激励显然不能完全采取对他们的上一代甚至父母一代进行激励的方式。这就要求管理者必须能够充分理解自己的激励对象，了解人的需要，然后再通过有针对性地选择适用的激励手段或激励工具来实现对人的激励。

四、发展人的思维

随着时代的发展，管理者的内涵也在变化，早期的管理者主要被定义为通过组织赋予的正式职权获得的下属服从；后来，管理者则被定义为通过正式的职权以及正式职权之外的影响力来激励员工为组织目标而努力工作；而最新领导概念则被认为是通过帮助别人取得成功来获得组织的成功者。换言之，管理者在激励员工的过程中不能仅仅考虑组织的目标或个人的目标；相反，管理者要想取得成功，就必须考虑员工个人的成长和发展目标，只有能够帮助员工取得成功的管理者才是真正成功的管理者。当前，有些管理者是更多地关注组织或个人的目标，更多地关注事情本身，对于帮助自己做事的人关心不够，没有注意满足员工的个人发展需要以及取得成功的需要。在这种情况下，员工会认为管理者将自己视为实现他们个人或者组织目标的工具，而没有真正将自己作为人来开发和使用。事实上，优秀的管理者往往是合格的教练或者导师，总是能够不断地为员工塑造他们能够实现的高绩效期望，激励员工为实现更高的目标和取得更大的成功而持续不断地努力；同时还能通过提供各种方式的指导，帮助员工完成更高水平的绩效，从而让员工变得更加自信和胜任他们的本职工作。而那些较为糟糕的管理者不仅不能帮助员工实现更高的绩效和取得更大的成功，还会不断地打击他们的自信心，从而制造出很多的失败者。此外，很多研究表明，很多优秀人才之所以流失，很大程度上是因为他们对自己的职业发展非常重视，但是管理者却对此毫不关心。

五、自我开发意识

管理者的人力资源管理思维不仅适用于员工，同时也适用于自己，即管理者要学会做好自己的人力资源开发工作。一般情况下，大家谈到管理，通常都是指管理他人，然而，管理别人的前提却是管理好自己，而管理好自己的前提则是充分了解自己，对自己的个性特点、管理风格等有清楚的认识，同时能够正确地对待自己的优缺点。比如，很多不自信的管理者很难容忍员工提出不同意见，即使员工是在进行正常的意见交流，也会被这些管理者认为是在挑战自己的权威。情境领导理论告诉我们，优秀的管理者不能仅仅有一种管理风格，而是应当根据员工的成熟度不同，采取不同的管理风格。这就要求管理者应当在自己的常规管理风格之外，通过不断的学习和反省，形成更多的管理风格，从而更好地适应员工的不同情况，达到最优的管理绩效。

在激烈竞争的今天，传统的人事管理制度必须转变为现代人力资源管理制度。企业通过转变管理观念，建立科学的考核管理机制，调动广大员工的积极性和创造性，实现持续、稳定发展的目标，使企业登上一个新台阶。

六、互联网时代的人力资源管理

随着社会经济的飞速发展，互联网技术在各行各业的应用越来越广泛，同时，互联网时代的到来也为企业的人力资源管理工作带来了全新的机会和挑战。为了使企业的人力资源管理工作符合当前社会发展的实际需要，有必要对互联网时代的人力资源管理思维进行深入的探索，充分考虑互联网时代的特点和互联网时代对人力资源管理产生的影响，不断地优化人力资源管理方式，提升管理工作成效，促使企业健康发展。

科学技术的不断创新和发展催生了互联网时代。在互联网时代背景下，社会发展的很多方面都产生了较大的变化，其中管理工作的变化较为明显，尤其是人力资源管理工作，在一定程度上也受到了互联网时代的影响。这就预示着企业在具体的人力资源管理过程中，不能再采用传统的管理模式，应当结合时代发展的实际需要，充分利用互联网时代所创造的有利条件，明确互联网时代的基本特征，创新人力资源管理思维，促使企业管理达到个性化、规范化状态。

（一）互联网时代的基本特征

1. 实现买卖双方的信息交流

互联网能增强人类与社会之间的联系，将现实世界和虚拟世界连接起来。在互联网时代，买家和卖家可以随时随地通过沟通和协商来完成商品交易。这种通过互联网进行的交易不会像实地交易一样受到外界因素的干扰，能够方便、快捷地进行大量交易。通过互联网交易平台，卖家可以向有意向的买家提供商品的型号、样式等图文信息，买家可以用多种方式向卖家了解所需商品的信息和基本要求，在短时间内迅速确定购买对象，搜索到最为合适的商品。互联网时代实现了买卖双方的信息交流，形成了信息平等交换和买卖自由的交易模式。

2. 互联网时代是一个重视人力资源的时代

互联网时代在一定程度上加强了信息的透明度，使客户、企业与员工之间能够更加有效地进行沟通，有助于以客户价值和社会核心价值观为核心内容的网络价值体系的形成。这种新的企业结构把实现客户利益作为主要目标，一旦客户利益受到损害，企业在互联网时代就必然不能实现长远的发展。因此，企业必须确保客户价值得到最大限度的实现，而人力资源管理是客户价值能否实现的关键因素。由于人力资源的流动性较大，企业要合理地投资，对员工进行专门的培训，培养专业技术人才，减少人力资源的流动。

（二）互联网时代对人力资源管理的影响

1. 全球化发展形成了多样化的人力资源管理目标

互联网时代发展促进了全球化的发展和进步，这种进步和发展不仅体现在经济方面，在社会的发展方面也有较为明显的体现。经济发展和社会发展的变化，势必会对人力资源管理产生一些影响。在社会不断发展的过程中，人力资源的流通性会越来越强。全球经济一体化必然使国家的经济界限越来越模糊。在这种情况下，人才流通性增加，也就意味着，企业在人力资源管理上必须顺应时代发展潮流，充分发挥互联网优势，采用更为便捷的人才招聘和培训方式，以高效的管理策略和价值共同体的劳动关系作为新时期人力资源管理的目标，确保人力资源管理的实际效果。

2. 科学技术手段创新推动人力资源管理模式的变革

在互联网时代，人力资源管理会受到科学技术发展的影响。科学技术的发展需要不断地创新，而科学技术手段的创新离不开互联网的发展。在这种发展背景下，企业的人力资源管理优势将得以充分发挥。对企业而言，在具体的人力资源管理过程中，必须借助"互联网+"的科学技术手段。互联网在人力资源管理配置中有着至关重要的作用，而要真正提高人力资源管理的有效性，就必须重视人力资源管理工作者的能力，要求他们能够适应科学技术发展的需求，熟练掌握大数据的操作和应用。这就需要企业在人力资源管理模式上有所改变，适当地采取相应的培训和鼓励措施来强化人力资源管理工作者的管理意识，提升他们的专业素质。

3. 信息增长促进人力资源系统的优化

互联网的发展使得信息知识增长迅猛。信息的增多必然对许多相关行业产生很大的影响，尤其是对企业专业人才的影响力度更大。为了促使专业人才能够更好地适应互联网时代的信息的飞速增长,保证他们的工作效率不受影响,企业必须强化人力资源管理,结合互联网时代发展的实际需要,对人力资源管理中不同的系统和指标进行改革、优化,加强人力资源管理工作者的主动性,通过激励和有效的考核模式,促使人力资源管理工作者积极接受新知识,提升他们的工作效率。

(三)互联网时代的人力资源管理的新思维

1. 强化企业、员工、顾客之间的整体性

在互联网时代,员工与顾客之间没有明确的界限。正常情况下,员工和客户的角色是可以互相转换的,二者之间的关系并不是固定的,因而员工和顾客实现价值共创不易受其他外界因素的影响,实现客户价值、员工价值和企业价值具有整体性,是不可分割的。因此,企业人力资源管理工作最为关键的就是确保客户价值、员工价值和企业价值的实现能够有效结合,这种整体观念对员工和顾客共同创造价值的企业发展模式形成具有极大的促进作用。这种发展模式对优化人力资源管理模式极为有利,能够有效缩减企业运营成本,最大限度地提高企业的经济效益。

2. 全面分析和整理网络信息

互联网时代是一个大数据时代,企业要想切实做好人力资源管理工作,首先必须对网络信息进行细致的分析和整理,只有准确掌握数据信息,才能够采取有效的人力资源管理措施。同时,企业应当注重人力资源价值计量管理工作,落实人力资源价值计量管理,从而对人力资源进行合理配置。企业应对人与社会沟通过程中所产生的数据信息进行充分的分析和适当整理,以此为依据,制定合理的人力资源管理政策,保证人力资源管理工作的开展有准确的数据信息作为支撑。企业管理人员应当注重对员工和客户之间交流信息的收集,严格分析数据,将其中一些有用的信息筛选出来,全面分析总结,从而了解员工所关注的主要内容,针对其中的问题和意见,找出相应的解决办法。这样制定出来的决策就更为合理,更加人性化。企业还要注意根据数据对影响劳资关系的重要因素进行细致的分析,最大限度地避免员工之间发生冲突,确保企业能够稳定运营。互联网时代所带来的大数据,有利于准确评价企业价值,增强企业经营效果,促成了企业人力资源管理制度的优化。

3. 提升员工培训工作的实效

互联网时代的企业人力资源管理需要重视员工培训工作。企业只有提升员工培训工作的实际效果,才能使员工自身的价值得以实现,全心投入,为企业创造价值。企业可以运用互联网为员工建立培训档案,记录培训过程。员工可以根据自己接受培训的相关状况,在培训档案上填写自己希望通过培训达到的学习目标和在培训过程中遇到的问题。企业可以通过这份学习档案对员工培训的基本情况和实际需求有更为深入的了解,据此改进培训方法,用更加规范的培训流程和更为完善的培训方案来进行员工培训,以此增加员工和企业之间的互动,也为企业在人才储备方面的计划提供参考,促进企业可持续发展。员工需要注意培训时间和培训计划的安排,及时查看,确保能够完整地记录培训经验,并及时将培训经验反馈给企业管理人员，为企业的绩效考核提供依据。

4. 创新绩效管理工作

互联网技术可以有效地发挥管理工作的优势，利用远程协作对数据进行分析处理，使企业的管理系统更加先进，提升人力资源管理工作的效率。互联网对企业绩效管理的实质性作用是显而易见的，在管理工作中可以全面掌控具体的操作流程。在绩效管理工作的创新方面，企业应当在互联网上对绩效考核的计划和指标进行模拟和实施，将员工培训的互联网信息作为绩效考核的重要依凭，利用互联网技术形成员工的自我评价信息和管理者对员工的评价信息，以此作为绩效考核的重要参照。企业还应加强内部上下级之间的沟通交流，确保管理者能够及时有效地解决绩效管理工作中出现的问题。

5. 形成员工自我管理模式

在互联网时代，人和组织之间的关系发生了一些改变，员工在企业中的地位和作用发生了变化，员工不再只是企业发展过程中的一个组成部分，而是决定企业价值能否得以实现的关键因素。在这种时代背景下，企业为员工提供很好的发挥主观能动性的平台，能够使员工自身的价值得以充分体现。在互联网时代的企业结构中，企业的管理者应该放低姿态，不能仅仅做发号施令的人，还要将自己融入员工中去，以身作则，引领员工约束自身的行为，评价和反思工作，形成员工自我管理的模式，使管理者和员工之间不再有那么明显的分界线。企业还要关注员工的实际需求，积极为员工争取利益，促使每位员工都能尽职尽责地完成工作任务。

6. 实现人力资本和货币资本共同发展的管理方式

互联网时代的到来加快了人力资源的发展，甚至可以说，互联网时代就是推动人力资源发展的时代。因此，实现人力资本和货币资本共同发展的管理方式是当下企业发展的重要方向。人力资源对于企业实现自身价值有着极为关键的作用，企业要想得到长远发展必须重视人力资源，要明确人力资本和货币资本在企业管理与剩余价值的分配上拥有同等的权利。我国有很多发展得比较好的互联网企业都是外资企业，采用人力资本合伙人制度，不断地改进优化，已然实现了人力资本和货币资本共同发展的管理方式。人力资本投资发展原本就是优先于货币资本发展的，并且人力资本在剩余价值方面更有发言权，再加上人力资本对企业的发展确实有相当重要的作用。所以企业价值的实现应以人力资本发展为先，兼顾货币资本发展，争取实现人力资本和货币资本共同发展的管理方式，为企业能长久稳定发展提供保障。

本节阐述了互联网时代的基本特征，从经济全球化、科学技术手段的创新、信息增长等方面分析了互联网时代对人力资源管理产生的影响，对互联网时代下人力资源管理的新思维进行了探索分析，希望能为互联网时代下企业的人力资源管理工作提供一些参考。

第四节　人力资源管理的人性化

人性化管理或管理的人性化是现代企业管理的发展态势，这似乎已经成了一个不争的事实。但是，如何搞好人性化管理？如何充分发掘现代人力资源管理中的人性化意蕴？这却需要人们进行深层的思考。

所谓人性化管理，就是一种在整个企业管理过程中充分注意人性要素，以充分开发人的潜能为己任的管理模式。至于其具体内容，可以包含很多要素，如对人的尊重，充分的物质激励和精神激励，给人提供各种成长与发展机会，注重企业与个人的双赢战略，制订员工的生涯规划，等等。

一、现代人力资源管理人性化管理理念的确立

（一）注重人的潜能开发是人性化管理理念的基点

注重人的潜能开发，是提高员工素质的一个根本途径。人生的成长过程，是一个寻找自身精神内核的过程。这个过程也许不完美，但却包含了人生的每个层面。特别是随着信息时代的来临，社会生活的快速变迁所带来的迷惘和无所适从，使越来越多的人渴望关注心智的成长、关注人精神的慰藉、关注人价值的实现。这就要求企业不仅要努力建构比较完备的制度体系，还要努力建构比较完备的心理健康体系。

通俗地讲，企业的管理者好比是一个球队的教练。他必须具备合理观念，知己知彼，甚至要了解整个战局的发展；要合理调配使用本组织的资源，让每个成员都在合适的岗位上得到表现的机会；善于对不同层次的员工给予相应的指导和帮助。员工的素质对于企业来讲至关重要，因此，不少企业将人事部改为"人事培训部"，一改过去忙于员工的调进调出的做法，将各层次员工的培训作为人事部的主要工作。

一些企业认为，提高员工的能力便是最好的善待员工的方式。他们将目标确定为让每个员工在本企业工作三五年之后，能力和实力都能跃上一个台阶。员工在企业感受到的是不努力就会落伍的压力，而不是企业动荡不安带来的恐惧。员工的成长是企业成长最好的推动力。企业对有一定才干的员工因才施用，让员工在企业中找到自己的归属感和成就感，也就增强了企业的稳定性，从而降低了企业的人力资源成本，提高了人力资源的使用效率和效益。有的企业对招聘人员动则就是要求"硕士以上学历"，却不顾企业所提供的岗位是否需要这么高的学历，一来造成人才的浪费，二来"大材小用"，也难以留住人才。其结果是人力资源部频频刊登招聘广告，人员依然是来了一拨又走了一拨。因此，企业要真正地实行人性化管理，就必须花大力气强化人力资源开发，夯实企业的人力资源基础。

（二）"尊重每一个人"是人性化管理理念的本质体现

尊重每一个人是企业最高的经营宗旨。无论是高层管理者，还是普通员工，都是拥有独立人格的人，都有做人的尊严和做人的应有权利。无论是在东方或是在西方，人们常常把尊严看作是比生命更重要的精神象征。

一个企业不仅要尊重每一名员工，更要尊重每一位消费者、每一个用户。因为一个企业之所以能够存在，是因为企业被消费者所接受、所承认，所以企业应当尽一切努力，使消费者满意并觉得自己是真正的上帝。现代西方企业管理学家近期提出了一个颇具新意的观点，认为企业有两个"上帝"：一个是客户，另一个是员工。作为全国颇具影响力的"读者出版集团"，也是以这种理念在企业制度建设方面体现着"上帝"的含义，把尊重人、爱护人处处体现在日常的管理中。企业不停地思考如何把含有丰富营养的精神食粮真正被"上帝"所吸收和认可，而且把员工视为"上帝"，如人性化的激励制度、多方位的员工培训开发、多层次的保险体系、丰富的员工娱乐生活，在员工最需要帮助的时候给予及时的帮助。企业必须意识到员工的重要性，意识到员工队伍的稳定、创造性的大小、素质的高低和凝聚力的强弱，这些客观存在的因素深刻地影响着企业的效益和发展。

对于企业来说，员工队伍的稳定是效益稳定的一块基石。员工频繁地进进出出，实际上付出最大机会成本的是企业。员工有可能找到一家适合自己发展的企业，而对于一个企业来说，员工队伍的不稳定，不仅使经济效益无从谈起，更别说什么企业的战略了。究其原因，还是企业缺乏重视员工的理念。员工需要激励，这种激励一方面当然是精神上的，但物质激励在现实工作中往往发挥更直接的作用。企业有时候过高地估计了员工的思想境界，认为员工提出福利待遇方面的要求是过分的，这无疑是戴着"老眼镜"在看新问题。

调查表明，在员工跳槽的原因中，"薪资待遇低"仍属第一。人要实现自己的价值，要开掘自己的潜能，所有的这些都必须以物质需要的满足为基础。况且，给员工的福利待遇不是企业的施舍，而是员工应得的，是员工付出劳动的报酬。

企业摆正了与员工的位置，才有人性化管理可言。人性化管理最起码的要求，就是要会尊重人，要将人当人看。人们曾经预想，新技术和现代管理方法的大量应用，使得人在经济活动中的作用下降。但是在新的阶段，对人的认识有了升华。这一阶段，提出了人是最重要的资源、最宝贵的财富，提出了个性需求和精神健康的理论，提出了更多依靠员工的自我指导、自我控制以及顺应人性的管理等一系列新观点、新思想。企业应在实践中积极推行以人为中心的管理，并积累了丰富的经验。可以说，以人为中心的管理，是新阶段企业管理的重要特征之一。

二、现代人力资源管理的人性化走向

人性化管理在发达国家的企业获得了巨大的成功，从而成为在世界上有广泛影响的管理文化理论。可以说，人性化管理的出现，代表着企业管理文化发展的新方向，它正在悄悄地揭开人类企业管理思想和管理文化的新纪元。大体上说，人性化管理包括以下几个方面：

（一）情感化管理

面对复杂的世界和沉重的生活压力，人们对情感的需要有着大致接近的迫切程度。这里引用一个笔者深有体会的例子。笔者在读者出版集团人力资源部工作，每天都要面对一些琐碎而复杂的事务性工作，做好服务性工作是我们工作的重点。从内心来讲，有时觉得太无趣了，太没有挑战性了，难道自己就要在这样的工作中度过一生吗？但当内心处于矛盾和心绪澎湃之时，我们的领导总能以一个朋友的身份鼓励和支持我。一直到现在，工作也算较为稳定了，重要的是心态变了，总想尽可能把更多热情和精力投入到工作之中。对笔者来说，人生当有这么一个人是一种"财富"吧。他知道一个人内心的需要，能公正、平等地待人，能从下属的角度来考虑问题。他也要求我们每一位成员不只是搞好工作，而是要多思考，转变管理理念，制定科学、合理的制度，与时俱进。我们的小团队有着轻松和愉悦、阳光和快乐氛围。用这种凝聚力影响我们的大团队，集团做强做大的目标会更快实现。在他看来，情感管理，就应该诚心诚意地相信人，"每个人都有自己的专长""一个人怎样才能使别人感到自己重要？首先是要倾听别人的意见，让他们知道你尊重他们的想法，让他们发表自己的见解"。还有就是，既然要别人承担责任，就要向他们授权，不授权会毁掉他们的自尊心，应该用语言和行动明确告诉人们你赞赏他们。

所以，有管理文化研究的专家认为，在做情感管理时，要经常鼓励人们去取得。一个企业的管理者，应当意识到人人都需要表扬，而且必须诚心诚意地去表扬人家。因为每个人都希望得到这种机会。

（二）民主化管理

民主化管理就是让员工参与决策。管理者在做出涉及下属的决定时，如果不让主管以外的其他人来参与，就会损伤他们的自尊心，引起他们的激烈反对；如果能让其他人参与决策，即听取他们的意见，那么不但不会挫伤他们的自尊心，反而会提高他们的士气。被征求意见的人多一些，人们的士气就会更高一些。如果员工感到自己对与己有关的事没出一份力，就会觉得自己被别人瞧不起，由别人摆布。

民主化管理就是要集思广益。一个制度在制定和实施前必须集中多数人的智慧，否则管理就不会有民主之谈。这是因为，不论多么优秀的人，都只是一个独立的个体，具有主观片面性。只凭个别人的智慧去工作，就会发生各种让人想不到的问题，甚至会出现看问题片面等现象，这些往往是企业失败的内在诱因。现在各个企业都成立了工会，其职能之一就是为职工维权。当集团制定一个重大决策时，通过广泛征求意见，不断听取群众意见，最后由工会代表们在大会上反馈意见，把一些不足或需要充实的地方加以修改。笔者觉得这也是真正民主化管理体现的一个方面。在现代企业制度中，人力资源管理制度向着多元化的方向发展。人们普遍认识到，应提供磋商、妥协、合作实现各主利益关系的整合，把个人意志和企业的统一意志融合起来，从而使每个人心情舒畅地为企业做奉献。

（三）能人管理

所谓能人管理，就是要发现大批有能力的人才，并且要让能人管理好自己。企业的竞争利刃是人才——受过教育又有技能，渴望发挥自己的潜能，促进公司成长的人才。企业应该明白，人的创造性是可以通过学习造就的。多数人都认为创造性领域与他们无关，但是，在信息丰富、分权制以及全球性的新社会中，创造性人才在工商界的重要性将日益显著。企业主管要激励和保护创造性人才和人的创造性精神。企业管理者在使用人才的过程中，应当建立人才信息管理系统，使人才的培养、使用、贮存和流动等工作科学化，真正实现人事工作科学化、合理化，做到人尽其才。

人性化管理是以人为核心的管理，它汲取了行为科学理论的精华，以此增强管理的柔性因素，注意做好有关人的各项工作，注意感情投资，重视倡导企业精神，重视民主管理，使企业拥有巨大的向心力和凝聚力，充分发挥员工的积极性、主动性和创造性。

（四）文化管理

文化管理是人性化管理的最高层次，是一个企业经营管理中的精神凝聚力，是企业组织行为的社会形式、群体心理层面和战略性动作方式，是企业人力资源整合管理的精神或灵魂。它使员工形成共同的价值观和共同的行为规范。文化能够覆盖人的心理、生理、人的现状与历史，把以人为中心的管理思想全面地显示出来。文化是一整套由一定的集体共享的理想、价值观和行为准则形成的，使个人行为能为集体所接受的共同标准、规范、模式的整合。用美国文化学者露丝·本尼迪克特的话来说，文化会形成一种并不必然是其他社会形态都有的独特意图。在顺从这些意图时，被整合得很好的文化接受了那些最不协调的行为，将这些行为融入、整合、遵从一定的价值观和标准，这个价值观和标准是在发展中逐渐显露和确定的。它的显露和确定是自然的和无意识的，一旦形成，对于人的行为起着永久性的、巨大的影响。

现代企业的人性化管理甚至已经化为一种柔性管理，愈来愈引起企业管理文化专家的重视。企业文化管理要人以为中心，成功的企业文化无不是以人为本的文化。尊重人、关心人、理解人、爱护人是创立企业文化的核心。企业文化是企业全体员工的文化，需要大家共同努力才能形成。

第五节　管仲的人才思想与人力资源管理

管仲是春秋时期杰出的政治家，齐桓公时出任齐相，居位四十余年。管仲的人才思想影响着齐国由衰到强、由危到安、由乱到治。他作为齐国历史上最出色的政治家和思想家，在人才管理思想上有自己深刻而独到的见解，对于现代人力资源管理有着借鉴作用。

管仲是活跃在春秋前期历史舞台上功勋卓著的政治家、思想家，因其颇具经世治国之才，使得齐桓公不计射钩之仇，任用管仲为相。管仲在相齐时，居位四十余年，能够使齐国从众诸侯国中脱颖而出，首霸中原，不仅仅得益于君臣二人齐心协力、励精图治，更重要的是得益于他治国思想中的人才思想。管仲的治国之道包含着丰富的人力资源管理思想，在当时"九合诸侯，一匡中原"的过程中起着重要作用，其中也有许多值得现代人力资源管理借鉴的东西。

一、争天下者必先争人，以人为本的人力资源管理思想

中国的人本管理思想主要发源于中国古代社会。管仲最早提出以人为本的思想，他说："夫霸王之所始也，以人为本，本理则国固，本乱则国危。"其中的人，是指士、农、工、商四民，四民包括所有的人，不仅仅限于统治阶层的人。广大民众是国家的基础，如果治国不以人为本就会出乱子。

管仲是位非常务实的政治家，他能够实事求是地承认贤才在管理国家事务和社会事务中的作用。贤人未出的社会是怎样的呢？他说："古者未有君臣上下之别，未有夫妇妃匹之合，兽处群居，以力相征。"在原始野蛮状态下的社会中，智者诈愚，强者凌弱。随着社会的发展与进步，这种不公正的社会状况不可能长久持续下去，于是需要贤才来管理社会。"故智者假众人之力以禁强虐，而暴人止。为民兴利除害，正民之德，而民师之。是故道术德行，出于贤人。"管仲指出在人类社会初期，贤才就具有能够组织民众共同制止强暴和弱肉强食的行为，同时贤才还能树立起行为规范和道德规范，为百姓所遵循与仿效，以此来维护社会秩序。当国家产生，君臣出现之后，要想国家长治久安，百姓安居乐业，在诸侯争霸战中立于不败之地且能争得天下，其当务之急便是争得天下人才，"夫争天下者，必先争人"。而争人才的一个重要原则就是"圣王卑礼"以待天下之贤，如此才能做到"求天下之精材""得天下之豪杰""有天下之称才"。

对于现代企业人力资源管理来讲，以人为本就是要以公司的员工为根本，这也是企业发展的根本。现今，人才成为了企业的核心竞争力，它不同于企业以往受重视的各种自然资源和固定资产等，它的独特性在于它的不可复制。这一观念集中反映在企业对员工的定义中，以往企业将员工看成组织人，企业按生产标准将员工打磨成相似的可以完成规定任务的机械，这也意味着失去了员工本身的主观能动性，失去了个人的独特性，失去了创新与发展的能力。以人为本就是让企业从根本上对员工重新认识、重新定义，用自由、自主的创新理念让员工去推动企业的发展，满足员工个人提升的需求，而不是将员工视为企业的附属。这和管仲的争天下必先争人的人才观是不谋而合的。

二、论材、量能、谋德而举之，构建系统的人才选拔体系

"任贤使能。"管仲明确提出这一口号，作为治国的大政方针，作为国君的重要职责，"亲仁则上不危，任贤则诸侯服"。他认为，只有举用贤才，才能巩固政权，称霸四方。春秋时期，诸侯争霸，对于人才的竞争十分激烈，这一思想反映了社会发展的客观需要。管仲出身商贾，由布衣而取卿相，对此亦有深刻体会。所以，他把"远举贤人""尊贤授德"等作为治国宗旨。在葵丘之盟约中，管仲将"尊贤育才，以彰有德"作为重要内容写进盟约。他还首开齐国养士之风，《国语·齐语》中说道，"为游士八十人，奉之以车马衣裘，多其资币，使周游于四方，以号召天下之贤士"。

在先秦诸子中，主张荐举贤才的不在少数。孔子曾提出"举尔所知""选于众"，希望每个人荐举自己所了解的贤才，主张从众人中进行挑选。孟子也主张通过举贤的方式选拔人才，他说："左右皆曰贤，未可也；诸大夫皆曰贤臣，未可也；国人皆曰贤，然后察之；见贤焉，然后用之。"孟子认为左右亲近的人说一个人贤，还不行；使大家都认为这个人贤，也还得进行实际调查了解。如果真的发现这个人是贤才，那么就将他选择出来并予以重用。然而孔子、孟子仅仅提出了荐贤的主张，对于那些不合荐举标准、不合荐举程序以及见贤不荐、蔽贤不报的行为却未论及。管仲在荐举贤才方面比孔子、孟子二人的主张更为积极，更有成效。他专门制定法令，以防止此类现象的发生。管仲强调："选贤论材，而待之以法"，即通过立法规定人才标准和选择人才的程序。对于以不正当途径谋官的人，要严厉惩处，以塞幸进之途。管仲提出选拔人才的总原则是"论材、量能、谋德而举之"，在执行中要注意：第一，注重实绩，"求有功劳者而举之"；第二，选拔年轻人，"不以年伤"；第三，注重大节、勿纠缠小缺点，"苟得大意，不以小缺为伤"；第四，优先选拔敢于创新者，"不必以先常"；第五，选用敢讲真话的人，"进言实之士"。

现代企业在不断进行企业制度改革的过程中，逐渐关注人才的管理和选拔，人才成为企业的重要资源。企业需要意识到人才选拔工作的重要程度，合理选用优秀人才和适度开发人才潜力，建立和完善人才选拔机制，使其更加科学、全面、规范，并且具有公平、公开、实用的特点。企业需要着力于营造实力说明一切的公平竞争氛围，在人才选拔工作上不断地与时俱进，才能够最大限度地发挥人才的潜力，让每位人才都可以体现自己的价值，共同为企业贡献自己的一份力量，推动企业的持续发展和进步。

海尔集团拥有一套完整的人才选拔体系。海尔创始人张瑞敏认为，企业领导者的主要任务不是去发现人才，而是去建立一个可以出人才的机制，并维持这个机制健康持久地运行。这种人才机制给予每个人相同的竞争机会，把静态变为动态，把相马变为赛马，充分挖掘每个人的潜质，从而保证企业的长效发展。

三、量才用人，人职匹配的人才运用观

管仲认为，不仅要重视招引人才，还要善于使用人才。作为一个国君，必须量才用人，做到扬长避短，使人尽其才，才尽其用，发挥人才的最大效用。

在人才的任用上，管仲强调"察能授官"。尺有所短，寸有所长，万物不齐，才有高下，这是不以人的意志为转移的客观事实。为了充分发挥人才的作用，管仲提出了一个重要而著名的用人原则："任其所长，不任其所短。"他说："明主之官物也，任其所长，不任其所短，故事无不成，而功无不立。乱主不知物之各有所长所短也，而责必背。夫虑事定物，辨明礼义，人之所长而猿所短也；缘高出险，猿之所长而人之所短也。以猿之所长责人，故其令废而责不塞。"在人才的运用上，只有适才适用，扬长避短，才能做到才当其用，达到功成事立的效果。否则，就无异于让猿猴司礼义，让人去攀绝壁了。管仲的"用其所长，不用其短"的思想，在中国人事思想史上提得最早，论述亦最明确、详尽和广泛，可称得上是这一思想的发轫者。后来韩非提出的"使鸡司夜，令狸执鼠，皆用其能"的主张，就是管仲这一思想的继承与发展。

从能力级次方面，管仲将人才分为治家、治乡、治国和治天下等几个层次。谁具备管理哪一层次的能力，谁就可以担任哪一层次的官职，"有闻道而好为家者，一家之人也。有闻道而好为乡者，一乡之人也。有闻道而好为国者，一国之人也。有闻道而好为天下者，天下之人也"。

从能力结构方面，管仲认为要根据人才不同的性格特征，知识构成，合理、妥当地安排不同职务，明确相应的职责，做到人得其事，事得其人。例如，在配备国家机关职能部门的行政主官的问题上，管仲认为隰朋在管理内务方面，举止知礼、言辞有度；宁戚在管理农业方面，能发展生产，开拓土地；王子成父在军事方面，善鼓舞士气，指挥有术；宾胥元在司法方面，公正无私，判案中平；东郭牙在监督方面，赤胆忠心，视死如归。管仲建议齐桓公任命他们为大司行、大司田、大司马、大司理、大谏等官职。

管仲提出的"量才用人"的人才管理思想和现代人力资源管理中的人职匹配理论是一致的，人职匹配理论即关于人的个性特征与职业性质一致的理论。其基本思想是，个体差异是普遍存在的，每一个个体都有自己的个性特征，而每一种职业由于工作性质、环境、条件和方式的不同，对工作者的能力、知识、技能、性格、气质和心理素质等有不同的要求。进行职业决策（如选拔、安置、职业指导）时，就要依据一个人的个性特征来选择与之相对应的职业种类，即进行人职匹配。如果匹配得好，则个人的特征与职业环境协调一致，工作效率和职业成功的可能性就大为提高；反之，则工作效率和职业成功的可能性就很低。因此，对于企业和个人来说，进行恰当的人职匹配具有非常重要的意义。

对于现代企业管理来说，面对稀缺和关键人才的招聘，人力资源部门必须站得高、看得远。等到出现缺口再来应急，就是一种低层次的人才运作了。重视人才的企业除了从内

部选拔、培养人才外，还高度重视从外部提前引进战略性人才、管理型人才，建立企业需要的人才库，为日后发展做准备。

米其林轮胎中国投资有限公司就是这一思想的实行者。他们的招聘分两个部分：一方面着眼于目前需求，满足目前公司运作需求补充相关人员；另一方面着眼于未来需求，招聘高潜力人才，对其进行1~3年的培训，让他们能够担当未来新业务的发展力量。米其林除注重应聘者的知识和技能外，也非常重视其个人价值观与米其林企业文化的配合度。米其林看重的是与企业文化相近的品格特质：基于个人素质要求的主动性、创新性与适应性；基于团队合作要求的沟通能力、团队精神、能力开发；基于与公司有关系的客户导向。

四、因绩论官、有功必赏，强化人才绩效考核制度

为了确保人才质量，检验官吏的工作效果，管仲建立了一整套自上而下的考核制度，作为确定官吏晋升、留用、淘汰的赏罚依据。在管仲看来，考核制度是整个人事管理系统承上启下的中间环节。这个环节执行的好坏，直接影响整个系统的大观。严格考核、经常督促，有利于人才发挥积极主动性。反之，则有可能出现图谋不轨、阿谀奉承的不正之风。"爵人不论能，禄人不论功，则士无为行制死节，而群臣必通外请谒、取权道，行事便辟，以贵富为荣华以相稚也，谓之逆。"

管仲对人员考核的时间、内容和考核结果都做了明确规定。在他主政的齐国，把考核的时间定在春季和冬季。自春季的第一个月起，君主亲自临朝听政，评定爵位赏赐，考评官吏政绩，共用五天时间。在冬季最后一个月的末尾，君王也要临朝听政，评定罚罪行杀，也用五天时间。"君之所审者三：一曰德不当其位；二曰功不当其禄；三曰能不当其官。此三本者，治乱之原也。"即考核的内容主要有三方面：一是人员的德望与其地位是否相称；二是人员的功绩与其俸禄是否相称；三是人员的能力与其官职是否相称。

在考核方式上，管仲吸取法家的思想，提出"三选制度"，即乡长进贤、官长选贤、国君考察用贤的三级举贤制度。每一选就是一次考核，按照俸禄与功劳、官职与才能相一致的标准进行考核，以确定赏罚升降。

管仲之所以如此重视对人员的考核，其原因在于：一是通过考核剔除不称职的人员；二是通过考核可以为奖惩提供依据，尽量避免出现"有功而不能赏，有罪而不能诛"的状况。管仲认为："言是而不能立，言非而不能废，有功而不能赏，有罪而不能诛，若是而能治民者，未之有也。"这说明他深刻地认识到是与非、功与罪的矛盾，若不能客观公正地予以解决，将关系到国家的长治久安。因此，他主张"是必立，非必废，有功必赏，有罪必诛"。

在现代企业管理中，绩效考核是人力资源管理的重要环节，为人力资源管理提供重要的信息依据，并起到一定的导向和激励作用。绩效考核的最终目的是提升员工的工作效率，以达到企业的经营目标和发展目标。

借鉴管仲的人才绩效考核思想，现代企业绩效考核应制定客观的绩效考核制度。例如，

将员工的工作业绩、工作效率、工作态度、工作行为等结合起来，建立明确的绩效考核内容；根据工作岗位和工作性质的不同，对考核对象进行分类；按照职务岗位所承担的工作内容和职责，确定考核标准，并且做到增加量化考核指标，减少主观评价。

绩效考核结果需要及时、有效地反馈。反馈绩效考核结果的目的在于：第一，使员工认识到自己的成绩和不足，成绩的肯定可以激励员工，不足的指出可以帮助员工改进和提高；第二，通过绩效考核结果的反馈沟通，考核与被考核者之间最终会达成一致，从而为制订绩效考核改进计划奠定基础。

绩效考核不单纯是考核，更应与员工的薪酬待遇挂钩，这样才能更好地激发其工作的热情和创造的积极性。考核与薪酬挂钩，可建立绩效结果与个人收入挂钩的机制；建立基于绩效结果的薪酬调整机制。绩效考核调整的薪酬能直接体现出员工的价值，绩效考核也就需要更加公平客观，绩效考核的真正作用便随之体现，真正融入企业管理而非单独存在。

五、育才树人，建立完善的人才培训制度

管仲还提出要对在职官吏进行培训，并把这项措施作为治理国家的百年大计。"十年之计，莫如树木；终身之计，莫如树人"，人的聪明才智的开发，是一个长期艰苦的过程。他还提出"树人"的过程，大体上包括教、养、取、任四个环节。他把育才与尊贤并提，可见他对培训制度的重视。管仲虽然没有进一步说明培训的途径和办法，但在当时就认识到这个问题并把它提到这样的高度，说明管仲是很有见地的。

培训与开发在现代人力资源管理中发挥着重要的作用。一方面，由于组织外部环境的不断变化，面对竞争的压力，组织需要通过培训提高员工的知识水平、技能水平和观念，以增强组织的核心竞争力；另一方面，员工也希望通过培训增强自身的职业竞争力。良好的培训有助于企业吸引和保留员工，提高员工的满意度。

随着现代企业制度的建立，现代企业管理在员工培训与开发方面都取得了很大进展，逐步着力于企业长远发展目标的多元化培训，以系统的、持续的、全员性的学习活动，在增加人力资本存量、提高人力资本能力、调整人才结构等人力资源开发活动中发挥了重要作用。在现代企业人力资源管理中，员工在职培训是提高员工队伍质量，从而加强企业核心竞争力的重要手段。如何采取有效的方式，有针对性地开展员工在职培训，将企业后备人才的储备、员工技能的扩展和提高与员工的职业生涯结合起来？这是现代企业人力资源管理工作的重要课题之一。

近年来，国内许多企业虽然已经注意到培训对提高组织效率的重要性，但总的说来，效果尚不够理想。其中很重要的原因之一是缺少严密的培训制度，培训工作表现出很大的随意性。瑞典的爱立信公司给我们提供了很好的示范。爱立信北京培训中心的组织非常健全，既有专门考虑和设计的培训课程的课程发展部，来确保培训内容的完整性和一致性；又有负责开发培训市场的市场部，及时反馈用户信息，使课程设置更适应中国市场的情况和用

户的要求；培训中心的行政部为整个培训提供了有效的后勤保障。健全的培训组织是其培训活动开展得有声有色的基础和前提，既保证了员工个人能力的培养与部门目标相适应，又便于培训中心从总体上进行协调和控制，从制度上保证了培训工作的有效性。

总之，管仲的人才思想，系统而深邃，有诸多闪光之处。其人才管理思想不仅在当时被运用到国家管理实践，也被后来的统治者继承与发展，对于我们现今的人事资源管理仍具有启发意义与借鉴之处。

第六节　传统人事管理趋向现代人力资源管理的转变

随着社会经济的不断发展，人们日益重视作为企业发展基本保障的人力资源。人力资源管理是企业中的一个重要部门。企业通过人力资源管理来优化企业人力资源，增加企业经济收益。所以，人力资源管理在企业发展中占据重要地位，起到关键作用。从客观上来讲，现代人力资源管理和传统人事管理尽管都是对人的管理，但是却存在许多不同之处。在目前的人力资源管理过程中，只有正确地看待传统人事管理与现代人力资源管理，才能更好地做好人力资源管理工作。本节分析对比了传统人事管理与现代人力资源管理存在的根本区别，并提出了传统人事管理向现代人力资源管理转变的方式。

步入知识经济时代之后，人们日益重视人才在企业中所起到的作用，人才是企业发展的重要动力，更是促进我国经济更好、更快发展的主要资源。现代企业人力资源管理与传统人事管理存在着区别，从思想上、工作方式上实现了传统人事管理趋向现代人力资源管理的转变，应让现代人力资源管理工作符合时代发展的要求，为企业带来更多的经济效益。

一、传统人事管理和现代人力资源管理存在的本质区别

现代人力资源管理将管理的重点从外在要素的配置转变为内在要素的提高，也就是不再只是将人力视为简单的人事实施管理，而是将人力视为一种经济资源实施管理。与传统人事管理相对比，二者最本质的区别就在于以下四方面：第一，在管理内容方面，传统人事管理以事为重点，思考的是如何将人改造得更加适合工作；现代人力资源管理以人为主，将工作设计得更加适合人，以及提高人的工作积极性。第二，在管理方式方面，传统人事管理实施严格的纪律结合物质刺激的控制式管理，而现代人力资源管理使用人性化管理，更加注重人的情感与价值。然后是管理形式方面，传统人事管理是封闭式、静态式的管理，但现代人力资源管理是动态式、开放式的管理。第四，在管理体制方面，传统人事管理属于被反映型，也就是领导说什么就认为是什么，领导要求做什么就只做什么，但现代人力资源管理属于主动开发型，也就是依据相关法律法规，结合组织目标，有计划、创造性地开展工作。

二、传统人事管理趋向现代人力资源管理转变的方式

企业传统人事管理趋向现代人力资源管理是非常必要的。企业传统人事管理如何趋向现代人力资源管理转变是一个非常重要的话题，要想取得较好的转变效果，应重点关注以下几点问题：

（一）转变人事管理思维，树立人力资源管理理念

传统人事管理思维来源于泰罗的"人类的工程实践"这个经典科学管理原理，关注有效地对工人行为和工具进行分析。传统人事管理追求一般性管理，却忽略了差异性管理。在当前社会竞争日益激烈的情况下，尤其是现代企业改革不断深入，企业如果还是沿用这种管理思维，将很难获得和留住优秀人才，也就难以具备核心竞争力。所以，企业需要树立现代化人力资源管理理念，充分认识人才管理的特殊性，加强对优秀人才给企业形成核心竞争力所带来重要影响的认识。企业应通过相应的员工培训体系，提高企业员工整体素养。现代企业竞争说到底就是人才的竞争。唯有在现代人力资源管理理念下，企业才能实现引进、培养及留住人才的目的，才能获得更好的发展。

（二）转变思想，将人视为第一要素

我国现代企业应根据实际情况和与企业改革有关的政策方针，转变思想观念，不断健全企业现代人力资源管理思想，联系实际情况，将传统人事管理转变为现代人力资源管理。企业应切实转变传统人事管理中将"事"视为主要管理目标的片面思想，更需要关注"人"这个要素，明确"以人为本"的管理原则，深入认识人才资源是企业第一资源，采用战略发展的眼光来看待人力资源管理工作，立足于新的起点做人力资源管理工作。

（三）统一规划人力资源管理

传统人事管理在一定程度上制约了人充分发挥自身的主观能动性，对企业提高工作效率不利，更难以深入地开发和利用人才的潜能。现代人力资源管理工作对人力资源进行了统一规划，重点包括科学、合理地规划员工的晋升规划，职位的补充规划，员工的培训规划，员工的工资规划等多项内容。其中，晋升规划重点是有计划地提升有能力的员工；职位补充规划是为了避免在短时间内出现职位空缺而存在的断层问题。在进行员工工资规划时，企业应该建立并不断健全企业员工激励体制，建立一套完善的、具有激励性的薪资分配体系。

（四）提高管理理论高度

在现代管理理论看来，不管是国家或者是一个组织的发展，都需要明确发展战略目标和制订相关的发展战略计划。人力资源管理是发展计划中一个重要组成部分。特别是在企业发展中，人力资源是企业管理的关键内容。现代企业在人力资源管理方面，要提

高现代人力资源管理的管理理论高度，现代应将传统人事管理转变为现代人力资源管理，要站在战略发展高度去看待现代人力资源管理，充分考虑人力资源管理在整个企业服务社会和群众的过程中的作用和地位。

（五）加强科学决策

现代人力资源管理是现代企业向着更好方向发展的不可或缺的条件，工作分工、绩效和考核等人力资源管理相关环节都具有较高的专业技术含量。怎样在现代企业中将现代人力资源管理的所有环节都有效地统筹兼顾？怎样更好地服务于社会、员工？怎样才能引进新型人才，留住已有人才特别是核心人才？唯有系统、有效地解决这些问题，现代企业才能充分发挥现代人力资源管理功效。

总而言之，人才资源是现代社会发展中十分重要的一种社会资源。今后的市场竞争将是人才的竞争，企业只有把握住人才这个主要资源，才能在今后的市场竞争中处于不败之地。所以，企业应促使传统人事管理趋向现代人力资源管理转化，落实好人力资源管理工作，有效发挥现代人力资源的潜能，为实现战略发展目标提供保障。

第二章　人力资源战略规划

第一节　人力资源战略规划的内容及其重要性

随着当今社会的高速发展，组织的生存与发展不仅面临着新兴行业的冲击，以及现有行业间的相互竞争，同时也面临着行业内变革与创新的挑战，还有被市场所淘汰的风险。如何对组织进行准确定位，并在经济市场下不断提升组织的核心能力、保持绝对竞争优势？这些问题对于当今企业来说无一例外地具有战略性的意义，并表现出深远的影响。本节将从人力资源管理的角度切入，首先将人力资源管理战略与战略人力资源管理进行区分与说明，其次针对人力资源管理战略规划工作的内容进行分析，最后就其在组织整体战略中的重要性进行说明。

一、人力资源管理战略和战略人力资源管理

人力资源管理战略是企业总战略的重要组成部分，提出并解决诸如人力资源管理的战略性命题等，包括人力资源目标的确定、人力资源的规划、人力资源的调整与配置等，是企业为实现企业战略而在雇佣关系、甄选、录用、培训、绩效、薪酬、激励和职业生涯管理等方面所做决策的总称。它以对企业所处的内外部环境、条件、资源、机遇等相关因素的系统分析为基础，基于对企业全局利益及长远发展的考虑，对企业的人力资源这一重要人力资本进行全方位的指挥、监督、协调、控制、管理和开发，而人力资源管理战略则是这样一系列有关决策、规划的组织过程的总称。

与人力资源管理战略不同，战略人力资源管理是一系列关于对组织中人力这一特殊的战略性资源进行战略性的开发、利用和管理的机制、制度、流程、技术和方法的总和。它是人力资源管理战略的执行，是为解决方案提供具体内容的关键。区别于人力资源管理战略，战略人力资源管理是反映到人力资源相关工作的方方面面与细枝末节上的，它的每一个工作都对企业的总体战略起到支撑与战略支持作用。

人力资源管理战略与战略人力资源管理各自具有侧重点，是相互区别的，但同时又是相互联系与相互支撑的。

二、人力资源战略规划

人力资源战略规划为组织的人力资源目标服务，解决人力资源供需动态平衡问题。通过研究，总结国内外众多学者对于人力资源战略规划的定义，通常分为广义与狭义上的定义。广义上的人力资源战略规划是指根据组织的发展战略、组织目标和组织内外环境的变化，预测未来的组织任务和环境对组织的要求，以及为完成这些任务和满足这些要求而提供人力资源的过程，强调人力资源对组织战略目标的支撑作用。狭义上的人力资源战略规划是指对可能的人员需求、供给情况做出预测，并据此储备或减少相应的人力资源，以追求人力资源的平衡为根本目的。

通常来说，人力资源战略规划的内容可以划分为七项：外部人员补充规划、内部人员流动规划、退休解聘规划、职业生涯规划、培训开发计划、薪酬激励规划、组织文化规划。人力资源战略规划是人力资源工作的起点，同时为人力资源相关工作的开展提供依据与指导。从规划的具体内容来看，人力资源战略规划包括人力资源数量规划、人力资源结构规划和人力资源素质规划。

（一）人力资源数量规划

人力资源数量规划是针对企业内人员总量，即总编制数的规划，包括确定企业目前的人员总量，以及对企业在未来一段时间内的人员需求进行预测。

根据企业生命周期理论，企业在不同的成长阶段对于人员的需求不同，并且显示出动态性的特点。随着社会经济的发展与行业发展的动态与趋势，企业须以目前所处的成长阶段为依据，分析企业业务的发展情况，同时为确保公司各项工作流程与业务的顺利开展，对现有的人员数量进行统筹与规划设计。它依据企业战略对未来企业的业务规模、地域分布、商业模式、业务流程和组织结构等因素，确定未来企业各级组织人力资源编制及各职类职种人员配比关系或比例，并在此基础上制订企业未来人力资源需求计划和供给计划。

人力资源数量规划主要解决企业人力资源配置标准的问题，为企业未来的人力资源配置乃至整个人力资源的发展提供了依据，指明了方向。

（二）人力资源结构规划

人力资源数量规划、人力资源结构规划与人力资源素质规划是同时进行的，但从工作流程的角度来看，数量规划与素质规划都是依据组织规划所确定的结构进行的，因此，人力资源结构规划是人力资源战略规划的关键。

人力资源结构规划是依据行业特点、企业规模、未来战略重点发育的业务及业务模式，对企业人力资源进行分层分类，同时设计和定义企业的职类、职种、职层功能，以及职责和权限等，从而理顺各职类、职种、职层人员在企业发展中的地位、作用和相互关系。它的目的在于打破组织壁垒对于人力资源管理造成的阻碍，按照业务系统的要求对相关人力资源开发与管理提供条件，也为建立或者修订企业人力资源管理系统打下坚实的基础。

（三）人力资源素质规划

人力资源素质规划是依据企业战略、业务模式、业务流程和组织对员工行为要求，设计各职类、职种、职层人员的任职资格要求，包括素质模型、行为能力和行为标准等。人力资源素质规划是企业开展选人、用人、育人和留人活动的基础与前提条件。

通常来说，人力资源素质规划有两种表现形式，即任职资格标准和素质模型。其中，任职资格标准要反映企业战略和组织运行方式对各职类、职种、职层人员的任职行为能力要求，素质模型则反映各职类、职种、职层需要何种行为特征的人才能满足任职所需的行为能力要求。通过对人力资源素质进行规划后，能够使得企业在今后的组织活动中及时识别、获取、储备和启用适应组织发展需要的人力资源。这对于企业整体战略的实现与其战略目标的实现具有十分重要的意义。

三、人力资源战略规划的重要性

人力资源战略规划不仅是为了追求企业目标的实现，同时也致力于在有效设定组织目标和满足个人目标之前保持平衡的条件下，使企业拥有与工作任务要求相适应的必要数量和质量的人力资源。首先，应该确保人力资源战略规划能够反映企业战略的诉求，满足企业战略的需要。其次，人力资源战略规划应基于企业的资源能力等基础，对企业的人力资源问题提出渐进式、系统的解决方案。最后，人力资源战略规划不仅应当根据企业内部的情况开展相关工作，同时应当使行业内发展现状及发展方向为企业的开发与发展发挥导向性作用。

第二节　企业人力资源战略规划的编制方法

随着企业对人力资源管理的重视，企业人力资源战略规划被越来越多的企业所重视，但在编制企业人力资源战略过程中，人力资源规划应该如何进行？应该由哪些篇章、部分构成？这些问题困扰着战略制定者，进而影响人力资源战略规划的实用性。本节从实用性角度对人力资源战略规划进行探讨分析。

一、当前人力资源战略规划编写存在的主要问题

谈到人力资源战略规划，大部分人都会觉得这是一个很深奥的课题，并且很多企业都会因拥有人力资源战略规划而倍感自豪。作为传统人力资源管理六大模块中排名第一的人力资源规划，编制规划成为人力资源重点工作之一，但同时也带来了一些迷茫。

（一）对人力资源战略规划认识不清

一是陷入两个极端误区，一部分人认为人力资源战略规划是一个高深课题，因此谈虎色变，不敢面对；而另外一部分人却恰恰相反，觉得人力资源战略规划简单，大多是个形式，一个文笔优秀的应届毕业生就可以完成。

二是将人力资源战略等同于人力资源工作计划，或者只是一个"形象工程"，只要将人力资源日常工作计划写进规划即可，或者在教科书上照搬一些理论就草率完成。

（二）全权聘请专业咨询公司编制

专业咨询公司看到目前人力资源管理者对战略规划感到迷茫，于是刻意宣传专业人做专业事，编制战略规划非请专业机构不可，从而进一步深化人力资源管理者对编制战略规划的恐惧。但一个蓬勃向上的企业却必须有人力资源规划，不然就会觉得战略迷茫，于是动辄花费几十万上百万的咨询费用聘请专业机构。调查发现，咨询公司一直标榜人力资源战略要服从公司战略，但他们却用一个统一的模板为企业编制出结构整齐的战略规划，致使企业真正要实施战略规划时却没有可操作性，人力资源规划因此成为柜子里面的珍品。

（三）规划内容华而不实

不管是聘请专业咨询机构编制的规划，还是文笔优秀、理论知识丰富的应届毕业生编制的人力资源战略规划，所谓的紧跟公司战略规划的实质就是在人力资源规划中引用公司战略的几句话或原文，而不是对公司战略进行层层分解，没有依据企业战略浓缩出未来人力资源管理的愿景与工作重点。

二、人力资源战略规划编制出现问题的原因分析

一般涉及战略规划，都属于企业中长期规划，是企业未来发展的掌舵手，这要求战略规划者不仅要熟悉公司运营，而且要有战略性的眼光。这对编制战略的人力资源管理人员来说确实是一个较大的挑战，主要表现在以下方面：

（一）当前研究甚少，缺少参考

首先，企业人力资源战略规划一般 3~5 年才规划一次，实施期间虽然会根据实际进行修订，但只是对其进行小修改，频率很低，因此，相对于其他六大模块来说，整个人力资源市场专业人才较少。

其次，不管是高校教材还是研究人员发表的论文，对人力资源战略规划的重点研究侧重于人力资源战略对组织和企业的作用，或者是在理论高度阐述人力资源战略的编制方法。这些都仅停留在理论高度而缺少实际操作，在面对企业真正需求时，编制者往往无从开始。

最后，企业人力资源战略一般属于企业机密，不对外公开，因此可参考的资料较少。

（二）对公司战略不清晰，无法抓住重点

第一，企业人力资源战略规划常常交由专业咨询机构来编制。他们虽然能编织出外表华丽的战略，但要让同时肩负多个企业咨询业务的专业咨询团队在极短的时间内编制出符合公司的战略规划，他们草率而极短的内部调研是没办法走进企业、跟随企业战略的；而且要真正编制出一个适合企业发展的人力资源规划，会涉及企业核心机密，咨询公司未必能第一手掌握，这将导致编制的战略无法落地执行。

第二，企业内部编制战略规划，需要工作经验丰富而且有一定文笔的专业人员，但一般这种人员都处于领导岗位，没有时间来全身心做规划，同时也会因为缺少相关实操经验而失败。甚至有部分企业将人力资源规划交由一个人去完成，这都将导致战略规划抓不到重点，导致未来人力资源战略不清晰。

（三）等同于人员预测

谈到企业人力资源战略，很多人会说公司发展多少年后，员工人数达到或者控制到多少人，而且实际规划也主要围绕人员预测进行。这显然很片面，只能说是一个人力资源预测，不能称为"人力资源战略规划"。

三、编制人力资源战略规划的建议

企业人力资源规划并非不能由企业内部人员编制完成，但也不是一个人就能完成的。企业要编制企业人力资源规划，首先要组建一个团队，团队包含三类人：经验丰富的人力资源管理专家、企业内部各业务线的专家以及理论知识丰富而且文笔优美的年轻人力资源管理人员。团队组建后，一般从以下五个方面进行人力资源战略编制：

（一）现有人才盘点

人才盘点就是摸清"家底"，是人力资源规划最基础但也很重要的工作，只有对现有人才进行盘点，做到知己，才能编制出一个适合企业的人力资源规划。

（二）态势分析

态势分析法 (Strengths Weaknesses Opportunities Threats, 简写为 SWOT) 广泛应用于各种战略规划，这是在知己的基础上做到知彼，通过对内部优势、劣势，外部机遇、威胁进行深入分析，分解企业战略，为人力资源战略编制提供前提依据。

（三）提出战略目标与愿景

通过态势分析法分析后，对企业战略进行层层分解和深入分析，做到知己知彼，进而提出人力资源战略目标与愿景。

（四）关键战略举措

关键战略举措一般从人力资源预测、招聘与配置战略举措、薪酬战略举措、绩效战略举措、培训开发战略举措和劳动关系战略举措等六个方面展开。

人力资源预测作为人力资源规划的重要组成部分，是整个规划中量化指标最集中的部分，涉及很多专业知识和模型，一般可以采用经验法、标杆企业对标法、多元线性回归等建模方式。但只能以其中一种方式为主，另外选择两种方式作为辅助进行修正，保证人力资源预测符合实际发展需要。

其他战略举措根据人力资源战略展开，是对人力资源战略目标的分解与保障。

（五）保障措施

人力资源规划编制完成后，需要高屋建瓴地在规划中提出保障措施，以及修订条件与周期，确保战略规划的严肃性和权威性。

四、人力资源战略规划编制成功的前提

衡量人力资源战略规划编制成功与否的依据之一就是其能否落地执行，这要求做到以下几个方面：

（一）紧跟公司战略

人力资源战略要紧跟企业战略是每个人力资源管理者耳熟能详的理论，甚至是口头禅，也都知道忌盲目跟从。但在实际操作中，很多编制人员为凸显自己的水平，从而脱离实际，引进一些前沿的人力资源管理举措或者标杆企业的战略，导致在实施过程中，因自身人力资源管理基础或者发展条件不成熟而无法落地实施而失败。

（二）可实现性

可实现性主要是针对战略目标。人力资源战略目标要符合企业实际发展水平，盲目跟随是无源之水，会导致人力资源战略目标无法实现。

（三）可衡量性

可衡量性主要针对战略目标和举措，要做到能量化的目标尽量量化。如果人力资源规划的一些能量化的战略目标不量化，则会加大实施的难度，影响战略效果。

（四）可操作性

可操作性主要是针对战略举措。人力资源战略举措绝非水中捞月，而是要基于公司管理实际情况，确保各项战略实施具有可操作性。

人力资源战略一旦发布，就是一种固化的制度和目标。但是，再好的规划也需要人力

资源管理者要有执行力,要能够不折不扣地按战略执行,才能体现其实际价值。

凡事预则立,不预则废。人力资源战略规划具有指导性和约束性、鞭策性和激励性、规范性和程序性,能够为实现人力资源管理工作程序规范化提供可供遵循的依据。人力资源战略规划是在企业战略基础上对企业未来人才需求、供给、引进、培养和选拔方式进行科学、整体的预测和规划,以及为实现这些规划采用的战略举措,是企业人力资源管理其他职能的基础和前提。

第三节　战略性人力资源规划与预测

21世纪是信息时代,给企业的发展带来极大的促进作用。在21世纪,企业人力资源管理方面成为社会尤其关注的问题。在实际当中,想要实现动态人力资源规划,就应该对其组织战略进行不断的创新和改革。然而,由于目前我国企业在人力资源管理方面,人才较为缺乏,而且管理理念比较落后,给企业的发展带来极大的挑战。本节针对战略性人力资源规划与预测进行了论述,希望对此有一定的帮助。

一、人力资源发展战略的适度调整

社会在不断地发展和改革,从而发生了巨大的变化。虽然这给企业的发展带来极大的促进作用,然而,企业外部环境也会受到影响从而发生改变。企业想要健康地成长,就应该对其战略进行相应的完善和调整,这有着十分重要的意义。在企业战略规划当中,人类自由战略规则非常关键。在进行企业战略规划的制订时,企业要以企业的总体战略规划为出发点,根据实际情况,对战略性人力资源规划进行相应的完善。首先,当处于创业期时,企业主要的战略规划方面是对员工凝聚力的集中,以及激励、导向企业业务。对于这个时期的企业发展来说,人力资源主要针对的对象是能够自己完成任务的人才。其次,在进入成长期后,在对组织进行扩大的过程中,企业也会让管理方面取得相应的进步,这是企业的总体战略规划。也就是说,企业更加注重将管理方向转变为职业化、标准化与规范化。所以,在这个时期企业需要引进的人才是能够引领下属前往基层实干的领导型人才。再次,在进入成熟期,企业总体战略规划从不同的方面出发:第一,对于企业自身的管理水平进行深化,这也是企业核心竞争力的主要方面;第二,针对以后战略目标的发展,规划好策略。可以说,在这个阶段,企业需要培养的人才主要是能够让企业人力资源管理质量得到深化,更能够为企业进行制定长远发展目标的人才。最后,在进入衰落期后,企业针对企业人力资源的发展,应该将企业总体战略与职工的性格、素养等方面进行匹配;应该对职工交流和培训进行相应的加强,让职工思维方式和行为模式能够达到一致性,这也是需要强调的方面。只有这样才能让企业文化更加和谐。当然,在这个过程中,企业需要对职工的组织性和整体的战斗力进行不断的提升，让企业能够可持续发展。例如，诺基亚企业在"产品制造企业"转型为"服务型企业"的过程中，在人力资源规划方面，调整了职工激励等方式，在确定职工的薪酬的同时，调整了市场比较对象，更调整了考核时间，改变了过去的季度考核形式进行，从而采用了项目周期考核的形式；另外，调整了能力素质设计。

二、落实战略性人力资源规划改进工作

第一，对于企业来说，有些人力资源管理职能比较传统，可以选择外包。可以说，专业化分工形成了企业，社会的发展对分工提出了更高要求，分工要更加精细，要提高效率。对于企业内部的一些行政工作，企业可以选择比较专业化的企业来执行，例如，招聘职工、设计薪资等。只有这样，企业在发展的过程中，才能在企业价值更大的管理实践开发方面，以及战略性经营伙伴发展等方面投入更多的精力，这样才能让企业人力资源管理水平得到有效的提升。

第二，作为企业，应该对人力资源管理系统进行不断的完善和健全。这里所说的人力资源信息系统，是指企业职工在工作的过程中，对信息的收集和分析等。如果企业已经有了一定的规模，那么对于人力资源工作的开展，完全可以合理地运用计算机技术，这有着十分重要的意义。企业应该在建立人力资源信息系统的同时，对其进行不断的完善，这样才能让人力资源管理信息化得以实现。

第三，对于企业内部人力资源管理部门要重视起来，并且要对其进行不断的提升。过去，大多数的企业将人力资源管理部门归类为后勤服务部门，措施更是以为事后补救为主，根本没有体现战略性。在这样的情况下，在如今的时代，想要有效地展开战略性人力资源规划，就应该将其发展到前台，要对企业的发展市场和业务进行深入的了解，要将动态管理落实到企业的各个环节。

第四，对企业人力资源从业人员的综合素质进行不断的提升。在这个时期，企业人力资源管理者自身的角色应该进行转变，应该同为企业日常经营管理的合作者。企业的人力资源部门要明确自身的管理原则，对于人力资源管理的研究、预测等方面要特别的重视，并且将其作为重点，这样能够让其业务部分实现增值服务。另外，人力资源管理者需要掌握企业经营目标和每个业务部门的发展需求的，深入了解企业职能、价值观等；在进行职工技能、态度方面进行设计的强化时，应该以企业战略目标发展情况作为出发点，这样能够对企业职工的潜力进行有效的挖掘，从而让企业人力资源得到长远的发展。

三、战略性人力资源队伍建设的强化

对于企业战略性人力资源规划要想实现合理的制订，并且能够将其落实到位，拥有高素质人力资源团队有着十分重要的意义。企业应该以战略性人力资源管理的核心职能作为

出发点，加强建设人力资源队伍。

（一）企业内部人力资源的合理配置，应该以配置职能为依据

在进行调研工作的开展时，人力资源管理者应该全面掌握企业总体战略目标和内外部人力资源等情况；根据数据进行分析、预测企业人力资源发展需求和供给；合理规划企业的人力资源管理以及业务规划等；严格地监督人力资源规划落实情况，最后对其进行评价，这样才能真正地实现企业战略目标。

（二）职能的开发，可以让企业和职工一起成长和发展

开发战略性人力资源，其实就是以企业发展战略为出发点，开发企业人力资源，为企业战略制定目标提供参考。企业应该从企业战略目标与职业生涯规划两点出发，有效地开发人力资源工作，将企业实际与马斯洛需求理论进行有机的结合，对新时代的职工需求进行明确，根据职工自身的不足，进行相应的专业培训，从而使职工的潜力得到有效的发挥。在培训的同时，企业还需要对职工进行考核，这样才能让职员与岗位更加适合。

第四节　基于战略管理视角下的人力资源规划

本节首先阐述了战略管理下企业人力资源规划的概念，接着分析了战略管理视角下人力资源规划存在的问题，最后对战略管理视角下企业进行人力资源规划的策略进行了探讨。

一、战略管理下企业人力资源规划的概念

人力资源规划是企业能够获取合适的人才的程序，能够保证企业的人力资源实现最优的利用。人力资源规划含义包括：

（1）根据企业生产经营要求对人力资源的数量、质量和结构进行规划。

（2）人力资源要同时满足企业的目标和员工个人利益。

（3）人力资源要能够灵活动态地适应企业发展。

（4）注重企业的持续发展，在人力资源规划的实施过程中要不断进行动态调整，分层次储备企业人才等。

二、战略管理视角下人力资源规划存在的问题

（一）战略人力资源规划缺少稳定性

我国企业的传统战略人力资源规划缺少科学性的战略管理目标，不少企业战略人力资源规划对人力资源规划的现状重视度不够。当企业的经营环境出现变化的时候，人力资源

规划在缺乏稳定条件的影响下，很容易发生变动，直接影响企业战略人力资源规划的稳定性。

（二）人力资源规划缺乏实际

当前诸多企业尽管重视人力资源管理，却因缺乏具有高素质且经验丰富的人力资源管理人才，而导致企业在人力资源预测分析上缺少客观性和科学性。同时，当前人力资源规划主要以企业全体员工为预测主体，使得预测数量过多且过程复杂，致使人力资源规划缺乏实际。

（三）战略人力资源规划的灵活性欠佳

当今，现代企业面临多元化挑战，传统战略人力资源规划的快速应变能力不足。随着企业的多元化发展，人力资源不再是简单的人员集合，而是一个团队或组织，这就使得人力资源规划面临新的要求——离不开企业各个职能部门的协调。但由于灵活性欠佳，当需要对人力资源规划进行动态调整时，企业很难在第一时间进行，企业人力资源也随之遭受损失。

三、战略管理视角下企业进行人力资源规划的策略

（一）评估企业现有的人力资源

人力资源管理者通过对企业现有的人力资源情况进行系统分析，能够掌握企业人力资源的整体信息；在对人力资源信息进行掌握时，要保证人力资源信息的准确性和全面性；在准确掌握人力资源信息后，要对企业当前的岗位人才情况进行调查，根据岗位中的核心人才情况来评估企业员工职位匹配度是否符合，从而对现有的人力资源进行合理调整，制订具有针对性的人力资源规划方案。

（二）对企业未来人力资源供需进行科学预测

在企业战略管理的指导下，企业应该采用科学的方式对企业未来的人力资源供需进行科学的预测。企业战略管理能指导企业确定未来发展的方向。分解的人力资源战略是预测企业人力资源供需的基础。一般情况下，企业通过综合分析发展的总目标、战略管理以及构建人力资源的原则等信息，预测得到的人力资源供需情况具备一定的可靠性。作为人力资源规划的必备环节之一，预测人力资源供需的准确性异常重要。在具体的分析与预测过程中，通常会涉及两类方法：一是主观类方法，具体有问卷调查法等，它们被广泛应用于企业人力资源管理的各方面，优点在于操作简便，缺点在于数据信息缺乏普遍性，结论的主观性较强，往往很难定量，只能定性。二是客观类方法，主要包括数学线性规划、人力资源预测模型，优点在于量化预测的内容，站在理论的高度提高预测结果的准确性。

目前，企业运用模型的能力相当有限，在运用很多数据时都很难确保精确性，计算出的结果往往也缺乏准确性。因此，不管采取哪种方法，企业都应从自身实际出发，找到与企业的战略管理及发展契合的方法，尽可能将预测的准确度提升。

（三）合理调配企业现有的人力资源

企业在进行人力资源规划时，要实时、合理地调配企业现有的人力资源，同时注重培养企业所需的储备人才，保证企业人力资源规划的灵活性，充分利用企业现有的人力，保证员工能够在不同岗位发挥不同的作用，节约用人成本，发挥人才的作用；同时要灵活运用企业的各种资源，增强企业人力资源规划的灵活性。

企业要健全战略人力资源规划的制度保障。战略人力资源规划的顺利进行需要配合一系列的人力资源管理制度，比如，建立完善人力资源的绩效考核机制以及员工的奖励机制等。这类制度的建立和完善可以极大地提高企业员工的工作积极性，从而为企业的发展带来更多的经济效益。人力资源制度的建立和完善需要协调各部门之间的关系，比如，绩效科要以企业员工的工作能力和业绩为导向，完善绩效考核制度。此外，企业建立完善相应的制度可以优化人力资源的管理结构，使员工更加适应所在岗位的发展。再者，企业要建立完善的人才选拔机制，针对企业重要性的岗位可以采取竞争上岗的方式，择优录用，尽可能发挥人才的力量。劳动就业体制还需要不断地加以深化改革，切实保障企业员工的根本利益，员工应依法与企业签订劳动合同。

（四）制订长远的人力资源战略规划

在人才选拔方面，选拔知识型员工已是大势所趋。企业应充分利用战略管理视角下的大数据优势，获取相关数据信息，对数据进行整合分析，结合企业需求对人才进行选拔；在人才培养方面，企业管理人员必须站在一个新的高度上，拓展新思路，采取新措施，紧跟时代的步伐，对员工知识技能的培养应与企业未来的发展相适应；在人才任用方面，最重要的是要学会识别人，利用互联网进行信息的收集，并对收集的数据信息进行分析，了解员工的个性心理和个性特征，并对员工的能力进行考察，选择具有创新精神、有能力的员工；在人才保留方面，为员工提供良好的福利待遇和发展空间，了解员工的真正需求，为其创造良好的工作环境，这样才能让优秀员工踏实、忠诚地为企业工作。

综上所述，企业战略视角下人力资源规划是非常复杂的，参与人力资源规划的部门有多个，因此，针对这样的情况，企业需要将各个部门的关系协调好，以便人力资源规划在相关环节可以顺利地进行，推动企业战略人力资源规划的发展。

第五节　战略扩张期企业人力资源发展规划

多元化的市场环境，要求战略扩张期的企业要注重人力资源发展规划，优化企业战略性发展的内外环境。本节立足战略性扩张期企业的特点，分析了人力资源发展规划中存在的问题；并在此基础之上，从优化人力资源发展规划、创设人才发展平台、建立人力资源开发机制等方面，具体论述了战略扩张期企业人力资源发展规划策略。

人力资源是企业发展的根基，是企业战略发展的有力支撑。企业在不同的成长阶段，对人力资源的需求和层次结构有所不同，但究根结底，都是以人力资源发展规划为导向，要建立完备的人力资源体系，服务企业经营发展。处于战略扩张期企业，对人力资源的"量"与"质"有双重所需，强调核心人才在战略扩张发展中的重要性。人力资源发展规划要紧扣企业发展所需，立足对应的发展阶段，制订科学、有效的发展规划，与战略性扩张发展相匹配。本节从现实问题着手，立足战略扩张企业的发展特点及所需，就如何实现人力资源发展规划的科学实施，做了如下具体阐述：

一、战略扩张期企业人力资源发展规划问题

人力资源管理是企业内部管理建设的重要内容，科学、有效的发展规划直接关系到企业的发展进程。对于战略扩张期企业而言，完备的人力资源保障是推动企业战略性发展的内在动力。但从实际而言，很大一部分战略扩张期企业缺乏对人力资源发展规划的重视，战略性人力资源规划"不稳定"、实效性"不足"、灵活性"不佳"等，影响了企业的战略性扩张。具体而言，主要有以下几个问题：

（一）稳定性不足

企业的人力资源发展规划稳定性不足，与战略性扩张发展相脱节。战略扩张期的企业需要充沛的人力资源作为支撑。如果人力资源发展规划不稳定，则直接影响企业战略性发展的持续推进。首先，人力资源发展规划与企业战略扩张发展相脱节，人力资源发展规划缺乏目标导向性，追求短期经济效益，难以实现人力资源发展规划的战略性。其次，人力资源发展规划易受外部因素影响，特别是在战略扩张时期，企业所面临的市场风险因素增加，人力资源发展规划不稳定性，将会对企业人力资源管理体系形成影响，制约企业战略性扩张的推进。再次，人力资源发展规划的直接经济效益不显著，在战略性扩张时期，经济效益最大化的目标导向，弱化了人力资源发展规划的重要性，导致企业落实不到位。

（二）实效性欠缺

企业的人力资源发展规划欠缺实效性，对战略性扩张效能不显著。人力资源发展规划

的实效性，在于企业扩张发展，完善人力资源体系。而从实际来看，战略扩张期企业的资源整合力不足，人力资源发展规划的实效性欠缺，以至于服务战略扩张发展的效能不显著。一方面，企业"重实务，轻规划"，人力资源发展规划的目标导向性不足，影响了人力资源规划的可操作性；另一方面，企业在人力资源的需求预测中，以主观判断为主体，人力资源规划与战略扩张发展之间缺乏匹配性，出现人力资源闲置浪费等问题。

（三）灵活性欠缺

人力资源发展规划欠缺灵活性，缺乏战略发展应变能力。多元化的市场环境，要求现代企业紧扣市场发展，创设灵活多变的人力资源管理机制。但一些企业在人力资发展规划中，缺乏市场变动因子的灵活应变能力，人力资源规划的动态调整欠缺，影响了人力资源发展规划的可操作性。首先，人力资源发展规划留于表面，对于战略性扩张发展的人力资源需求缺乏科学有效的判断分析。其次，人力资源发展规划较"死板"，缺乏战略扩张发展的应变能力，对于动态属性下的规划研究缺乏灵活性的应变能力。因此，在人力资源发展规划中，要以战略性扩张发展所需，提高发展规划的灵活性，要能够与战略性发展相契合，提高应变能力。

二、战略扩张期企业人力资源发展规划策略

人力资源的特殊性，要求战略扩张期企业应审视人力资源发展规划的重要性，以战略发展为导向，深化发展规划构建，为企业健康、有序的发展创设良好的内部条件。在不同发展时期，企业人力资源发展规划的立足点不同，扩张期的人力资源规划应拓展规划面、提高规划效能，为企业战略发展提供动力，盘活经营发展。具体而言，战略扩张期企业人力资源发展规划，可从以下几个方面具体展开：

（一）紧扣战略发展目标，优化人力资源发展规划

战略扩张期的人力资源开发，应明确两个关注点：一是如何在战略扩张期，获取充沛的人力资源，支撑战略扩张的持续推进。二是如何在战略发展的目标之下，深化人力资源发展规划的目标导向性。很显然，战略扩张期的企业需要人力资源发展规划的"准备性""目标导向"，为企业提供长远的人力资源储备和核心人力资源。首先，要优化人力资源结构，夯实核心人力资源的结构比重，为企业战略扩张提供充足的人才保障。其次，要明确战略目标导向，构建可持续发展的人力资源规划体系，为企业战略扩张创设良好条件。一方面，企业要针对发展所需，完善人才培养机制，将人才培养与组织战略有机结合；另一方面，企业要推进企业文化建设，形成具有凝聚力、战斗力的企业文化，并融入人力资源发展规划之中，夯实战略性扩张发展的基础。

（二）创设人才发展平台，聚焦人才与企业成长

人才是发展的动力，尤其是扩张期的企业，需要完备的核心人力资源。为此，一是企业要创设人才发展平台，提高岗位价值创造，为企业与职工的互利共赢创设良好的平台环境。二是要关注人才发展环境，从人才发展出发，立足企业扩张发展所需，搭建多元化的发展空间，促进人力资源规划与战略扩张的有机结合，实现企业健康发展。三是企业要聚焦企业与人才的共同成长，从实际出发，关切人才发展所需，从双方的共同发展点出发构建更具活力的人力资源规划，更好地促进企业发展，推动人才在企业战略扩张中起作用。

（三）建立人力资源开发机制，创设人力资源发展环境

人力资源开发机制的建立，旨在优化战略扩张期企业的人力资源发展环境，让人才培养成为人力资源发展规划的重要组成部分。首先，企业要创新"聚才"机制，让环境留人、事业留人，不断地通过机制的优化与创新，让优质人才留下来、发展起来，成为企业战略扩张的不竭动力。其次，企业要建立人才竞争机制。企业所需的人才应具有发展动力，能够为企业战略扩张发展提供动力。人才竞争机制的建立，旨在开发人才潜力，激活人才的优秀品质，使人才更好地服务企业发展，形成良好的发展动力。再次，企业要转变人力资源规划模式，提高人力资源管理的效能，通过完善的人力资源信息系统，完善人力资源开发规划环境，为战略扩张期企业的人力资源规划创设良好外部条件。

综上所述，人力资源发展规划是服务企业发展，以及构建战略性人力资源体系的重要基础。战略扩张期的企业面临新的发展机遇与调整，人力资源发展规划的科学实施是支撑企业战略扩张的有力基础。在本节探讨中，战略扩张期企业面临人力资源发展规划"不稳定""实效性欠缺"等问题，要求战略扩张期企业要审视发展环境，夯实三个面的人力资源发展规划：一是紧扣战略发展目标，优化人力资源发展规划；二是创设人才发展平台，聚焦人才与企业成长；三是建立人力资源开发机制，创造人力资源发展环境。

第三章　组织与人力资源管理

第一节　非盈利组织的人力资源管理

　　近年来，非盈利组织频繁曝出信任危机事件。在信任危机发生之后，由于工作人员的处理方式不够恰当，导致非盈利组织的运行难以持续下去。这也说明了在非盈利组织的生存发展过程中，缺少一支专业性的人才队伍，缺少合理的人力资源管理制度。本节揭示了非盈利组织缺少专业人员、人员老龄化严重和缺少适当的激励等情况，并结合中国的国情，提出相关的解决措施，对非盈利组织进行合理的人力资源管理具有一定的启示作用。

　　非盈利组织作为不以盈利为目的的组织，其目标主要是为社会提供公共服务，涉及的范围很广，包括慈善、教育和环保等。其具有非盈利性的特征，服务于社会需求，在社会中扮演着公共服务的提供者、公共精神的倡导者、公共政策的参与者和公共关系的协调者等重要角色。非盈利组织人力资源管理是指非盈利组织对一定范围内的人力资源进行规划、获取、维持和开发等一系列的管理活动。随着社会的进步，人才资源逐渐取代了传统的资本成为组织发展的重要因素，而不以盈利为目的的非盈利组织能够给予组织人员的薪酬较少，这就导致了非盈利组织人员的大量流失。这时，人力资源管理就成为非盈利组织生存能力与竞争力强弱的标志。只有对非盈利组织的人力资源进行合理管理，才能不断提高非盈利组织的专业水平，保证其可以不断地发展与壮大，为社会提供更好的服务。本节结合中国非盈利组织的发展现状，探究人力资源管理中所面临的困境与问题，并提出相关解决措施。

一、相关理论研究

　　相比国内而言，国外的非盈利组织的发展相对较为成熟，其具有完善的体系与制度。国外对于非盈利组织的人力资源管理研究也相对较完善。对于非盈利组织人力资源的管理问题，国外学者有着丰富的理论经验和实践经验，泰勒和弗朗西斯将研究集中在非盈利部门的智力资本和战略人力资源管理上，并利用从澳大利亚非盈利组织收集的数据，提出新的理论，强调智力资本在非盈利组织战略人力资源管理上的核心作用，从而填补了研究上的空白。最后，他们通过研究提出了一种新的非盈利组织人力资源管理模式。拉尔夫·（西）

卡塞斯；（法）卡斯认为，一方面，非盈利组织在人力资源管理上要重视起人员的招聘，认为非盈利组织在招聘人员过程中应当考察应聘者对组织的向往、个人品德和个人是否计较利益得失这三个因素，并将这三个因素作为指标，通过综合打分来确定应聘者。另一方面，非盈利组织在招聘中应防止任人唯亲，在招聘过程中要敢于并善于聘用那些优秀的人才。

在国内，非盈利组织同样面临着人力资源管理问题，众多学者也纷纷对其进行了研究。尉俊东从人力资源管理的缓解和目标来看，认为非盈利组织的人力资源管理策略应该更加强调价值体系和使命感的作用，要将人力资源管理与员工的发展相结合起来，给予员工学习与发展的空间，吸引员工留下，更好地进行人力资源管理。张彻则从岗位职责和外部环境的角度出发，分析非盈利组织目前所存在的问题，提出非盈利组织应该接受外部的多方监督，在对人力资源进行管理时，应该更加重视工作的公开透明；同时在岗位上，也要对员工的专业性严格要求，不断提高其专业程度。安家鹏对非盈利组织员工进行问卷调查后得出，非盈利组织员工的工作满意度与财务公平呈正相关关系。这就说明财务不公平将导致非盈利组织员工的满意度降低，从而造成人才的流失。

二、我国非盈利组织人力资源管理现状分析

（一）缺少专业人员

从上海的情况来看，刑博对上海市基金会进行了调查，调查显示：在人员组成上，被调查的88家基金会中，包括专职与兼职两部分的工作人员加起来在5~10人之间的占比为48.86%，仅有19.3%的基金会专职人员超过10人。同时，全市基金会从业人员九百七十四人，其中兼职人员共520人，占从业人数的53%，其中19家的基金会从业人员全是兼职人员，因此，非盈利组织中从业人员少。尽管中国高校近年来每年培养1万名左右的专业社会工作者，但只有不到30%的人在非盈利组织中就业，这就导致了非盈利组织的人员专业程度不高。缺少高素质的知识性人才，就会造成非盈利组织不能保持自身的独立性，进而达不到预期效益。目前，我国非盈利组织缺乏比较专业的知识人才，使组织缺失积极性和活力，最终会造成社会组织缺乏创新的业务能力。

（二）人员老龄化严重

刑博在对上海市基金会的调查中发现，在其调查的八十八家基金会中，工作人员平均年龄在30岁以下的比例为0；平均年龄在30~40岁的基金会有22家，所占比例为26%；平均年龄在40~50岁的基金会有28家，所占比例为33%；平均年龄在50~60岁的基金会有33家，所占比例为39%。由此可见，基金会中的工作人员年龄偏大，在一定程度上趋向于老龄化，缺少新鲜血液的注入。我国非盈利组织普遍存在着工作人员年龄偏大的问题，这些人大多是从事业单位后退休的人。对于高龄员工而言，他们的精力和学习能力有限，

在学习新方法和技术时,学习能力远不及年轻人,吸收的速度也较慢,在短时间内难以掌握较新的技术和方法。

(三)缺少适当的激励

非盈利组织公信力的缺失也使得非盈利组织的发展陷入了瓶颈。公信力的缺失在一定程度上减少了非盈利组织对民众的吸引力也失去了民众的信任,也加速了内部工作人员的离开。这就使得非盈利组织既难以吸引到优秀的从业人员,也留不住现有的工作人员,人力资源管理陷入困境,使得非盈利组织的发展举步维艰。长期以来,非盈利组织内部缺少一套长期有效的人力资源管理办法,一方面是因为国内缺少对非盈利组织人力资源管理的研究,对其人力资源管理的重视程度不高;另一方面,非盈利组织的纪律性较弱,组织大多较为松散凌乱,很少有较为专业的非盈利组织,因此在非盈利组织的发展中,未形成有效的人力资源管理方法。

三、促进非盈利组织人力资源管理发展的对策与建议

(一)加大对专业人才的培养力度

非盈利组织要想持续、健康地发展,就必须对人力资源进行合理、有效的管理,这就需要更多专业化的人才。应建立健全非盈利组织内部人员的继续教育制度和专业知识培训制度。这些培训与教育包括与非盈利组织相关的知识、技能等。非盈利组织可以定期举办相关培训,创造条件为工作人员开展一系列的培训与教育活动,从而提升组织现有人员的专业知识水平,不断提升组织人员的工作和服务能力。同时,非盈利组织也要从外部吸收更多的专业化人才。政府也要参与其中,要不断提高对非盈利组织人力资源的重视度,将非盈利组织中的人才并入各地的人才培养计划当中去,要源源不断地向非盈利组织输送高校的优秀毕业生,也就是输送一些高素质人才,以面对当前社会的发展。最后,各高等院校可以开办相关专业,从而为非盈利组织培养更多的专业知识人才。

(二)营造良好的人力资源管理环境

非盈利组织的生存与发展需要更多新鲜血液的注入。新鲜血液的注入将给非盈利组织的发展带来更多的发展机会,因此需要创造良好的人力资源建设环境,以吸引更多的年轻人进入非盈利组织,为组织注入更多的新鲜血液。为非盈利组织营造良好的人力管理环境,需要政府加强对非盈利组织人力资源管理的关注。一方面,政府可以对非盈利组织的人力资源给予一定程度的资助,将非盈利组织的专业性人才队伍建设和培训费用纳入到政府的财政预算当中去,通过政府培养非盈利组织的专业性人才队伍,这样非盈利组织的人才培养就可以依靠各地的财政,建立起人才的发展与培训基金,吸引更多的年轻人加入到非盈利组织当中来。另一方面,政府可以给予非盈利组织相关的政策优惠与倾斜,例如,在法

律法规的允许下给予符合规定条件的非盈利组织一些在税收上的优惠，同时引导社会上的各类资金向非盈利组织人力资源管理流入，从而形成政府、社会等多样化的资金投入机制。

（三）建立合理有效的激励与保障制度

非盈利组织为了健康发展，必须建立起合理有效的激励与保障制度，以激励非盈利组织现有的人员，降低人员的流失率。非盈利组织可以以知识为基础建立合适的薪酬制度，定期在组织内部举办关于非盈利组织方面的知识竞赛，设置丰厚的奖励，吸引组织内的员工参加；同时也可以激励员工为获得奖励而努力地学习新的知识，及时更新自己的知识库，这就可以有效地将员工的自觉学习和奖励制度联系在一起，从而从容地应对经济快速发展带来的挑战，在降低人员流失率的同时可以提高员工的专业化程度。从社会保障的角度出发，非盈利组织的工作人员必须按照法律的规定与非盈利组织签订相关的劳动合同，以保证自己的合法权益受到保护。国家方面也要尽快出台更多为非盈利组织从业人员提供保障的政策，着力于解决非盈利组织专业人员的医疗和养老等生活各个方面的社会保障问题。在制定这些政策之后，还要确保这些政策得到坚定的贯彻落实。

随着经济的迅速发展，人们更加关注能够带来更多利润的企业，却较少关注不以盈利为目的的非盈利组织。但是，随着人们对社会服务的需要的增加，非盈利组织的数量也在逐年增长，其中的问题也日渐暴露出来。

在非盈利组织的人员构成中多为兼职人员，缺少专业的人才，这就造成了非盈利组织缺少一定的专业性，对于较为棘手的问题，难以快速反应并处理问题。另外，非盈利组织中的人员大多为已经退休的事业单位从业人员，人员老龄化严重，在面对新的技术和方法时难以快速地吸收和应用。而年轻人虽然能够掌握新的技术和方法，也可以保持充足的兴趣和精力来获取更多的新知识，但是非盈利组织缺少合适的激励制度，使得年轻人望而却步，不愿意进入非盈利组织。因此，为了解决这些问题，首先，一方面，可以加大组织内部的培训力度，增加员工的专业性知识；另一方面，可以通过在高校设置相关专业或者建立自己的培训基地以培养更多的专业性人才，为组织供应更多的专业人才。其次，可以通过政府给予相关财政拨款，帮助非盈利组织建设专业人才队伍，营造良好的人力资源管理环境。最后，非盈利组织可以通过定期举办相关知识竞赛等完善组织的激励制度，吸引更多的人进入非盈利组织。

第二节　公共组织人力资源管理

随着管理模式的不断转变，在进行人力资源管理的过程中，企业要能够对传统的人力资源管理模式进行调整，提升管理效率，对职能进行进一步的优化。尤其在公共部门进行人力资源管理的过程中，要能够融入公共服务，加强针对人力资源规划人才的培训与考核。

众所周知，人力资源管理是组织管理中非常关键的组成部分，在企业的发展过程中发挥着非常关键的作用。尤其是当前经济与社会不断发展，在一些公共组织中进行有效的人力资源管理，能够更好地满足时代的发展需求。同时，当今社会对人力资源管理水平提出更严格的要求，需要培养创新型的人才，促进人力资源管理能力的提升，决定着公共组织的发展，同时会对人们的生活环境产生一定的影响。所以，要对公共组织人力资源管理现状进行分析，了解其中所存在的问题，并能够提出一定的策略，使得人力资源管理能够适应信息化的发展趋势，对领导的界限进行明确，加强对开放式人才选拔机制的建立；加强人才理论和实践锻炼的结合，使得人力资源管理在当前的组织中能够获得更高的战略地位，明确管理责任，促进公共组织的发展。因此，在下文中，针对公共组织人力资源管理过程中所存在的问题，比如，缺乏先进的管理理念，培训方法不科学，开发方式不合理等，提出有效的解决对策，树立科学的管理理念，对人才进行有效的选拔，创新管理方式，推动人力资源管理效果的提升。

一、公共组织人力资源管理所存在的问题

当前的公共组织人力资源管理，仍然存在着一系列的问题，比如，缺乏先进的管理理念，管理方式落后，开发方式缺乏合理性。在下文中，将针对不同的方面具体展开探讨。

（一）人力资源管理理念落后

公共组织的管理，要能够提升用人的公平性，进行合理的人才选拔，促进选拔方式的创新，使得人才能够得到展示的机会。但是，我们在对当前公共组织进行调查的过程中，发现公共组织的人力资源管理理念较为落后，没有对人事制度进行改革，虽然重视人才使用，但是轻视服务。比如，在人员入岗前没有开展相关的培训，激励机制不完善，使得人才流失较为严重。公共组织管理人员没有意识到人力资源管理的重要性，轻视了人的作用的发挥，使得整体公共组织工作效率降低，缺乏对全体人员素质的提升。

（二）培训方式缺乏规范性

当前的人力资源培训，要先制订科学的培训方案，针对不同的个体有一定的规范性，采用多元化的方式提升培训效果，但是，当前的公共组织在进行人员培训的过程中，常常忽略了对管理人员和领导人的培训，影响了后期人力资源管理效果。另外，在进行实际锻炼的过程中，没有对人才培养的规律进行掌握，会缺少监督管理，使得整体的培训方式的效果。

（三）人力资源开发方式缺乏合理性

针对当前的人力资源管理，对环境进行开发是非常关键的部分。但是，在实际的管理中仍然有一些缺陷。比如，公共组织在进行人才引进时，没有对人才引进后的问题进行解

决，缺乏配套的体系，存在排挤人才的情况，没有给人才提供更好的软硬环境。除此之外，在人力资源分工的过程中，分工不明确，职责混乱导致人力资源没有发挥其作用。最后，在人才培养中，没有对公共组织发展特性进行发挥，合适的人才培养体系较为单一，新的管理方法无法得到有效的使用，造成管理效率下降，阻碍了公共组织的进一步发展。

（四）管理机制缺乏灵活性

在当前的人力资源管理过程中，存在识人的渠道较为狭窄，选人的方式公平性较低，没有建立健全人才选拔机制，重视使用而轻视服务等问题，使得人才价值不能得到更好的体现。尤其是公共组织中没有对人事制度进行深度的改革，由于受到多方面的限制，比如，户口档案、住房等方面的限制，使得公共组织在人力资源开发上投入严重不足。一方面主要表现在对条件和待遇的改善投入不足，另一方面主要表现在对人力资源整体开发的投入不足。

公共组织缺乏健全的管理体制，虽然人事部门掌握了一定的人才情况，但在体制上缺乏一定的健全性，使得对人才的培养和引进存在着一定的阻碍，不能够促进个人的全面发展。

二、公共组织人力资源管理问题的解决对策探讨

在当前的公共组织进行人力资源管理的过程中，要强调人才选拔体系的完善，加强对用人机制的优化，对岗位进行有效的管理，发挥人力资源的价值。同时，公共组织要制定人力资源规划战略来对人才进行有效的管理，满足公共组织发展的需求。因此，对人力资源管理过程中所存在的问题要进行改进，要能够提出有效的策略。

（一）促进科学人力资源管理理念的树立

在当前的公共组织人力资源管理的过程中，要结合公共组织的发展特点，对科学的管理理念进行树立。在实际的人力管理过程中，要能够意识到人力资源管理的价值，对自身的观念进行转变，加强对人才的培养。人在整个组织的发展过程中是最为关键的生产要素，要转变人力资源利用的方式，树立以人为本的理念，在不断的实践过程中，对人的潜能进行挖掘。尤其在人才引进后，要落实相关的问题，留住人才，发挥人才的作用，促进组织利益的增多。

（二）促进人才选拔机制的完善

在当前的社会发展过程中，要对人才进行有效管理，借助时代的发展特征，在实践过程中对人才进行跨行业的选拔和培养。所以对人力资源管理过程中所存在的问题要进行解决，对选拔机制进行完善，扩大选人的视野，建立更为开放的人才选用机制，给予人才更多的展示机会，提高人才的利用效率。除此之外，要建立科学的激励机制，对于

一些有潜力的人员要给予一定的奖励和激发，使得他们能够利用自身素质，提升创新意识，在实际工作中，能够有一定的效率和质量，使得公共组织的工作质量能够得到保证。在进行人才应用的过程中，要能够使得人才之间的优势进行互补，促进资源的合理配置，确保工作的顺利开展。

（三）加强科学人才培训机制的建立

在当前的经济与社会发展过程中，要充分地利用信息技术来进行人力资源管理工作。尤其在人才培训的过程中，要对人才培训机制进行完善，结合信息技术对培训课程进行适当的调整，使得人员能够结合理论与实践，创造公共组织人力资源管理的特色道路，加强信息技术的融合构建管理系统，开展科学的培训和实践，提升公共组织人才的综合素质和业务能力，使得他们的主观能动性能够得到发挥，更好地为公共组织的发展贡献力量。

（四）促进人力资源管理方式的创新

在当前的公共组织人力资源管理过程中，要应用先进的方式提高管理效果，进行不断的创新，引入竞争机制，对人员进行淘汰，使得一些业务能力较差的员工能够对自己的岗位进行调整，不断提升整体素质。另外，在当前的网络化时代中，要利用多种方式来进行人才招聘，建立人才开发战略，与时代进行接轨，打造优秀的人力资源管理队伍，对公共组织的文化进行传播和丰富，促进人才发展环境的优化，提升公共组织人力资源管理效果。

在当前的公共组织发展过程中，要进行有效的人力资源管理，使人才的优势得以发挥；对人力资源进行合理的配置，提高管理的效果，使管理优势能够得到最大限度的发挥。在具体的管理过程中，要能够分析管理过程中存在的一些问题，进行深层的剖析，采取针对性的策略，创新管理方法，从人才选拔、培训机制的建立与完善方面来进行深层次应用，促进公共组织提升工作质量，更好地为大众服务。

第三节　学习型组织的人力资源管理

学习型组织理论是当今最前沿的管理理论之一。它通过个人和组织的学习过程，将个人与组织的发展目标整合在一起，使组织保持持续的创新能力和旺盛的生命力。据有关专家调查，美国排名前25家企业的80%按照学习型组织模式改造自己；世界排名前100家企业的40%按学习型组织模式进行了彻底改造；我国的伊利集团、上海宝钢、江淮汽车、江苏油田和山东莱芜钢厂等一批企业已建成学习型企业。

为什么学习型组织如此受到青睐？经过反思，人们认识到，工业时代已被知识经济时代逐渐替代，知识经济时代加速了企业组织变革，企业持续的学习能力和创新能力成为企业核心竞争力的重要内容。在这种条件下，旧的管理理念和模式必须进行更新和扬弃，于是学习型组织管理理论应运而生了。此时，企业竞争的焦点越来越多地聚焦在人力资源上，企业人力资源的综合竞争力决定了企业能否在新一轮的竞争中脱颖而出。学习型组织人力资源管理是人力资源在管理理论和思想上的创新，使企业能够适应现代市场竞争。

一、学习型组织理论与当代人力资源管理理论

对学习型组织的研究最早可追溯到20世纪60年代，高潮是1990年彼得·圣吉出版的《第五项修炼——学习型组织的艺术与实务》一书。自1990年后中外学者对学习型组织的研究取得了长足的进展。学习型组织理论倡导"全员学习、自觉学习、终身学习"理念，号召员工"否定自我、超越自我、品格提升"，注重把员工自身的发展需要同企业的利益追求有机地结合起来，培养共同的愿景，激发员工的学习意识，突破员工的能力上限，实现由靠制度、靠奖罚管理，转化为既靠制度更靠改善心智模式、自觉主动地管理，由行政等级管理转变为民主管理。这也是人力资源管理新的内容和长远发展目标。

人力资源管理理论倡导"人是第一资源"的理念，尊重员工的个人价值，激励员工发挥出最大的潜能，组建高素质的核心团队，以实现组织的长远目标。这与学习型组织理论中的"共同愿景"不谋而合。更为重要的是，人力资源管理日益重视员工的教育和培训，这些都可通过创建学习型组织来实现。因此，学习型组织理论应与人力资源管理相结合，可以起到相互促进的作用。

二、组织学习与人力资源管理的关系

通过对企业组织做大量研究，彼得·圣吉发现：在许多团队中，很多成员的智商都达到了120，而团体的整体智商却只有62。这个结论可以说明组织成员的能力没有得到充分的发挥，也就是说组织中人力资源没有得到有效的开发和利用。研究表明，人力资源与组织学习之间有着辩证统一的关系。

（一）企业的人力资源开发与管理需要组织学习

1. 组织学习适应了全球化的人力资源开发与管理

经济全球化的推进促使很多企业跨地域、跨文化经营。在跨文化经营中，人才本土化、公司与子公司的企业文化磨合、帮助子公司构建有效的人力资源管理系统，有效地调动母、子公司员工的工作积极性以提高他们的工作效率等，这些都是人力资源管理所要解决的新问题。经济全球化的趋势在很大程度上影响了人们的行为和观念，企业要适应这些变化，就必须树立企业全球观。企业全球观的培育是一个长期性的过程，要不断地进行企业文化的变革。在这一过程中，企业需要打破母公司中心文化的格局，建立全球性的知识库和通信系统，通过全球性的跨文化培训等方式来培育企业的全球观。另外，组织学习可以强化企业的学习和创作能力，有利于更新和整合组织的信息和知识，有利于建立全球性的战略

协调机制。

2. 组织学习有利于对"知识型"员工进行激励

激励是人力资源管理的核心内容。在知识经济时代，"知识型"员工在组织中的占比越来越大，是维持组织生存与发展的重要的资源。根据马斯洛的需求层次理论，对知识型员工的激励，应该是指满足其较高层次的需要，即社交、自尊、自我实现等需求。彼得·圣吉指出："如果能够实现员工内心深处的愿望，那么他们对工作的态度就会如同艺术家对待艺术作品那样全心投入，不断进行创造和超越"，这才是一种真正的终身学习。学习是一种较高层次的需要，能够满足员工的社交、自尊、自我实现等高层次的精神需求。组织学习是对知识型员工进行有效激励的方式，能够满足知识型员工高层次的需求，从而促使知识型员工最大限度地发挥出创造力。

3. 组织学习是变革传统人力资源管理的需要

经济全球化、知识经济改变了企业生存和发展的环境，加速了企业的变革。为了能够更好地适应这种变化，企业必须摒弃传统的"控制"型管理理念，形成现代化的"指导与激励"型的管理理念，协调发展组织与员工的关系，注重组织的发展和员工的生活质量，注重组织和员工的学习和创造能力，这些都会促使传统的企业人力资源管理发生重大变化。学习型组织能够将组织的发展与员工的发展有机地结合起来，协调员工的工作效率和生活乐趣，着重于培育企业的凝聚力和创造力，使企业保持旺盛的活力和竞争力。可见，通过组织学习建立学习型组织能够适应人力资源管理体系变革的需要。

（二）组织学习离不开人力资源开发与管理

1. 人力资源是组织学习的主体

人是知识的载体，也就是学习的主体，因而是学习型组织的核心部分。在知识经济时代，知识老化周期加快，社会变化剧烈。对员工进行教育与培训是人力资源开发与管理的中心，而且在中国的现实背景下更显得尤为重要和迫切。我国基础教育的投资长期不足，高等教育的普及率远远低于发达国家。职业技术教育方面与发达国家相比更是相差甚远。例如，德国的职业技术教育普及率达到了85%，而我国仅为16%左右。这些造成我国的人力资源在学历水平、知识水平和创新能力等方面均落后于发达国家，因此我国建立学习型组织是首要任务。

2. 良好的人力资源开发与管理有助于组织内外知识的学习

组织学习的主体是人，组织学习的客体是组织内外的知识。组织学习的过程是组织的系统思考和过程，即把个人的知识聚集化和系统化，使其符合"整体大于局部之和"的原则。要实现这个过程是非常困难的，首先要求组织激励员工把个体知识拿出来同大家共享；其次要创造一个使员工有机会实现知识共享的条件。在知识经济时代，人是拥有知识的主体，掌握更多、更新知识的人才是企业的稀缺资源，人们大多不愿意将自己所掌握的知识拿出来与他人分享。布伦纳研究认为：使知识型员工能够更多地控制其环境是当今组织的关键，给予自我掌控的权力是留住人才的关键因素。另外，组织文化与制度也起着关键的作用，要在提倡知识共享的同时注重员工个人自我实现的需要，让员工感到自己是受重视和被信任的。显然，留住人才是知识共享的前提，也是组织学习的基础。

因此，知识经济时代人力资源管理必然要完成建立学习型组织的任务。建设学习型组织对于组织管理和人力资源管理都有着十分重要的作用。根据彼得·圣吉的描述，建立学习型组织的方法被称作"五项修炼"——自我超越、改善心智模式、建立共同愿景、团队学习、系统思考。一个组织通过在这五项修炼有意识地培养和积累，可以形成一个完善的组织学习体系，最终逐步建立成熟的学习型组织，同时使组织的人力资源状况达到完善的程度，为组织总体战略目标的实现奠定坚实的组织结构、文化和人力资源基础。

三、学习型组织人力资源管理的新特点

（一）学习型组织人力资源管理的战略性

学习型组织将"学习"从个体层次的学习上升到组织层次，因此人力资源管理也应从传统的员工招聘、培训、薪酬确定、绩效考核等目标任务上升到战略性人力资源管理，从而将人力资源管理的行为和功能与组织的战略目标结合在一起。学习型组织理论把人力资源管理上升到了战略管理层次。

在高度动荡的社会环境中，为体现员工和组织能力与变化的竞争优势，可以通过组织学习来提升组织人力资源的数量和质量。另外，在知识经济时代，对人才的争夺将更加激烈，这些都会促使人力资源的开发与管理向战略化方向发展。

（二）学习型组织的人力资源管理的系统性

系统思考是研究和管理复杂系统的一种方法，是彼得·圣吉的"五项修炼"的核心与结果，是注重看待整体的一项修炼。根据系统思考的观点，学习型组织不是相互独立的组织单元，组织单元与整个组织的需求和目标联系在一起。

系统观点认为学习型组织是由若干子系统构成的，这些子系统中首要的是学习子系统，其余子系统都是学习子系统的附属部分。系统思考要求对各个子系统有一个全面的认识，且要在组织运作的更大的内外部竞争环境中加以深化。学习型组织的人力资源管理必须使人力子系统与其余子系统密切配合、协调运作。

（三）学习型组织的人力资源管理将学习定位为投资

学习型组织将学习看作是公司对未来的投资而非耗费。组织必须维持一定的物资设备，也必须维持一定的知识储备。通过培训等学习活动对人力资本进行投资，是组织储备必要知识的过程。许多企业日益重视员工培训，在人力资源方面提出"全员素质大提升"等培训计划，实际上就是运用了学习型组织理论。

通过教育培训向组织和员工传授知识，是实现人力资源素质全面提高的方法，也是实现组织学习创造能力的过程。教育培训不仅是知识传授的过程，同时也是利用和开发人力资源的重要手段。通过教育全面提升员工的整体素质，能够使员工的观念适应知识经济时代的要求，从而实现人力资源开发的良性循环。

第四节 我国非政府组织人力资源管理

近年来，非政府组织（NGO）作为一支新兴的社会力量伴随着广泛的经济、行政体制改革快速发展起来，在弥补市场与政府缺陷方面发挥了不可替代的作用。然而，相比发达国家而言，我国非政府组织还很不成熟，各方面问题都很突出。本节以非政府组织人力资源管理为出发点，着重从非政府组织人员结构、人员选拔机制、绩效考核机制、激励机制几方面探讨非政府组织人力资源管理存在的问题，进而从政府扶持、人员选拔机制、绩效考核机制、激励机制等方面寻找非政府组织人力资源管理的出路。

关于非政府组织，联合国新闻部将其理解为："在地方、国家或国际上组织起来的非盈利性的自愿公民组织。"改革开放以来，我国广泛实行的经济与行政体制改革为非政府组织的发展提供了前所未有的发展机遇。随着非政府组织数量的日益递增，其在弥补市场与政府缺陷方面发挥了不可替代的作用。然而，我国非政府组织面临一系列人员管理问题，诸如人力资源不足、人员流动性大、人员老化等。同时，其内部缺乏系统的人力资源管理制度，导致岗、责、权混乱，由此带来的诸如运行乏力、效率低下、公信力缺失等问题致使非政府组织所倡导的目标无法实现。根据广为流传的战略人力资源管理理论，在现代社会，人力资源是组织中最具能动性的资源。如何吸引优秀人才？如何使组织现有人力资源发挥出更大的效用，促使组织战略目标实现？是每一个非政府组织领导者都必须认真考虑的现实问题。

一、我国非政府组织所面临的人力资源管理问题

相比西方发达国家，我国非政府组织发展还很不成熟，其组织内部并没有形成完备的人力资源管理体系，严重阻碍了我国非政府组织战略目标的实现。

（一）人员结构不合理

非政府组织的人力资源一般由有酬员工和志愿者两部分组成。有酬员工是指非政府组织内职位较固定并领取薪酬的长期工作人员，包括领导者、管理者等管理主体，也包括执行者等一般获酬员工。志愿者是根据组织使命与工作任务的需要招募来为组织免费服务的人员。针对有酬员工看，民政部民间组织服务中心曾经做过统计，非政府组织专职人员比例约占60%，退休和兼职人员约占40%；在年龄结构方面，50岁以上的专职人员比例数

为52%，30～50岁则为32%，30岁以下的仅占16%；而在学历结构方面，66%的专职人员只具备大专以下学历。这反映出我国非政府组织人员在能力、素质和资历上存在较大问题。

在有酬员工中，我国有相当一部分非政府组织是通过获取自上而下的资源而建立和发展起来的，它们或者由各级党政机构直接创办，或者本身就是从党政机构转变过来的，或者由原党政官员和与党政关系密切的人士所创办。在这些专职人员中，有一部分人来自于原政府机构直接任命以及原政府机构的退休人员。据清华大学非政府组织研究所调查，中国非政府组织的负责人有49.2%之前在行政部门任职，致使非政府组织战略目标设立或多或少受到政府的牵制，缺少应有的独立性，这是造成我国非政府组织行政依附性严重的原因之一。由于受到政府管理体制的影响，我国非政府组织内部的管理模式大多采用政府组织的行政命令形式。

（二）缺乏科学的人员选拔机制

"人尽其才，人事相宜"是目前组织人员招聘的基本原则，由于制度环境、组织性质、组织文化以及价值观与政府、企业的差异，非政府组织的人员选拔和构成与政府、企业存在较大差异。

在我国非政府组织中，志愿者占有较大比重。然而，绝大多数非政府组织没有系统科学的人员招聘机制，在招募志愿者过程中，通常来者不拒，采用的是"广撒网"的招聘方法，从而带来以下三个问题：一是人员数量庞大，管理困难。由于非政府组织的非盈利性特点，其财政来源主要依靠社会赞助和政府扶持，除支付组织内部雇员薪酬和用于项目建设外，用于人员管理的资金极其有限，进而使志愿者管理流于形式，给组织目标实现造成负面影响。二是难以招聘到适合人选，专业人才缺乏。不同的人加入非政府组织有着不同的动机，由于缺乏有效的人才选拔机制，人才招聘过程随意性大，对人员的知识、能力、特质和入职动机的认识和了解不足。招聘的人员往往根本无法满足非政府组织提供优质公共产品与公共服务的需要。三是人员流动性大。很多非政府组织只是针对项目招募志愿者，在某个项目完成以后，志愿者的工作也就完成了，没有形成系统的人力资源储备机制，导致很多志愿者完成工作后不得不另寻他路，人员流动性大，不利于人才专业化培养。

（三）绩效考核执行不力

从企业与非政府组织的比较中可以看到，与盈利性企业不同的是，非政府组织具有典型的非盈利性、公益性和志愿性。首先，从考核动机上看，许多非政府组织领导者认为，参与非政府组织的人员，尤其是绝大多数志愿者，他们的入职动机是为社会服务，"做好事"，因而没有必要对员工实行绩效考核。如果有绩效考核，出于对组织自身的保护，为了维护组织尊严，很多组织领导者想方设法干预绩效考核，或者在制定绩效考核指标过程中采用模糊不清的指标，致使绩效考核流于形式。其次，从财政上看，我国的非政府组织由于其非盈利性与公益性，本身可支配的资金有限。尽管近年来我国学者和研究人员针对非政府组织的特殊情况，在借鉴国内外经验教训的基础上提出了颇有建设性的非政府组织绩效考核政策建议，诸如，"六维棱柱"绩效评估模型、APC评估理论、平衡计分卡（Balanced Score Card，简写为BSC）等，但由于资金有限，绩效考核往往没有落到实处。再次，从绩效考核指标上看，企业的一切活动都是以盈利为出发点，往往以能够量化的实际产出诸如计件、计时效率和利润为绩效考核标准，考核指标直观，具有很强的客观性与准确性。而非政府组织以实现社会使命为其存在准则，考核指标设计难度大。我国现有的非政府组织的绩效评估都是在沿用原有的评估基础上进行的，因此指标体系设计主观性强，不科学、不全面；以定性的描述为主，缺乏指标的进一步细化和量化；侧重经济指标，例如满意度、社会认同度、学习能力和创新能力等强调其社会使命的非货币性指标难以包括在内。

（四）缺乏有效的激励机制

根据现代管理的基本原理，工作绩效是能力与工作积极性的乘积的函数。因此，激发个体积极性应当是摆在任何组织面前的重要任务。在20世纪50年代兴起的内容型激励理论指出，人类的活动具有目的性，需要决定动机，动机决定行为，需要是动机的源泉。组织应通过各种手段满足个人的需要，影响个人的动机，从而激发个人为组织工作的积极性。人们加入非政府组织正是为了获得个人需要的满足，这些需要包括：获得合理的薪酬，取得社会认可，履行社会责任，实现社会理想等。

然而，我国非政府组织在满足这些需求方面并没有得到真正的体现，主要表现在：第一，薪酬水平总体较低。据2010年《中国公益人才发展现状及需求调研报告》显示，非政府组织从业者薪资收入在5000元以下的约占90%，2000~3000元段最为集中，无固定收入和月薪在1000元以下的占到18.4%。很多人认为，非政府组织从业人员具有较强的奉献精神，因此薪资对于他们来说意义不大。然而根据马斯洛需要层次理论可知，物质需要是人类最基本的需要，是维持个体生存以及社会需要、自我实现需要等高层次需要的基础。当前社会是以市场经济为主体的利益导向社会，如果最基本的物质需要无法满足，那么员工的工作积极性将会逐渐消退。第二，精神激励不足。在我国的非政府组织中，志愿者占据大多数，许多具体事务都是由他们来完成的。但由于当前我国公民社会发育不成熟和制度等方面原因，许多国家行政部门甚至社会对志愿者的身份并不认可。他们为社会付出了心血，他们强调奉献、强调实现自我，但却得不到应有的认可。长此以往，这部分人所追求的社会理想无法实现，将导致非政府组织人力资源积极性不足、人员流动性大、人员呈"边缘态"、专业人才缺乏等。

二、我国非政府组织人力资源管理对策

高绩效、高产出是任何类型的组织都追求的两大基本目标。根据现代人力资源管理理论可知，人的问题始终是各种战略问题中的核心问题。如何有效地利用本组织的人力资源，

充分发挥好人力资源的能动性与高增值性,对于实现非政府组织战略目标、提高其提供公共产品与服务的能力,具有广泛的现实意义。

(一)加大政府扶持力度

纵观国内外,非政府组织作为一支新兴力量,在弥补市场与政府缺陷上发挥着不可代替的作用。我国非政府组织自改革开放以来,在经济、行政体制改革以及政府职能转变过程中,是以不同领域为基础发展起来的,具有较强的专业性与针对性,能够更有效地提供政府无法提供的公共产品与服务。同时,由于非政府组织所具有的民间性,与基层人民联系比较紧密,因而能够处理好政府因人员不足、专业性不强而无法处理或处理不好的事务。因此,首先,政府要转变观念、深化认识,注重非政府组织在提供公共产品与公共服务方面的特殊作用,加大财政转移支付力度;要将非政府组织培育发展资金列入财政预算,设立非政府组织发展基金,建立公共财政对非政府组织的资助和奖励机制,扩大税收优惠种类和范围,彻底解决非政府组织人力资源管理资金投入短缺的问题,为非政府组织发展创造宽松的经济环境。其次,积极探索建立有效的合作、引导机制,可以采取公开招标及政府购买公共服务等方式。一方面,可以拓宽非政府组织的资金来源渠道;另一方面,通过政府招标、购买,可以引导同行业非政府组织展开合理竞争,促进非政府组织内部各项机制的不断改进与完善。

(二)建立健全人员选拔机制,改善人员结构

是否拥有一支专业化、高素质的人才队伍,对非政府组织提供优质的公共产品与服务、履行社会使命具有决定性的现实意义。第一,转变认识,树立人才观念。要认识到人才在实现非政府组织目标、完成社会使命方面的关键性作用,制定科学合理的人才发展战略。第二,建立规范的人员选拔标准。由于非政府组织的自发性、志愿性、非盈利性和公益性特征,对人员的选拔也应当具有特殊要求。要在对组织岗位、人员规划进行深入分析的基础上,按照人岗匹配原则选拔人员,明确招聘程序。除运用笔试考察应聘者是否具有符合组织岗位的能力素质外,在面试过程中要重点考察其是否具有利他主义精神,是否具有崇高的社会理想,可运用非结构化面试、情景模拟面试同时结合人格测试等方法考查应聘者的入职动机。第三,建立与高校人才联动机制。非政府组织在人员选拔过程中,可以利用其公益性,积极深入高校。一方面,在校大学生普遍接受过良好的教育,思想觉悟高,且年轻、专业性强,富有创造力;另一方面,在招聘过程中,可以扩大非政府组织在高校的知名度,有利于后续人才的储备。

(三)规范绩效考核

由于非政府组织涉及政府、捐款人、提供产品和服务的对象和成员等多方面的利益关系,因此,对非政府组织的营运进行绩效评估就显得极其重要。首先,非政府组织的领导者及其下属要转变观念,重视绩效考核。其必要性在于:其一,绩效考核实际上是一种组

织控制，无论什么样的组织，由于内部和外部因素的影响，其在运行过程中难免会出现偏差。这就需要绩效考核及时发现运行过程中存在的问题，从而采取纠偏措施，避免不必要的失误。其二，员工在能力、素质和入职动机上存在着个体差异，在完成组织任务上也有好坏之分。通过绩效考核，对于完成任务好的员工给予其各种形式的奖励，达到激发员工积极性的作用；对于完成任务相对较差的员工，及时发现其不足，帮助其改进、成长。其三，建立科学的绩效考核指标体系与方法。在非政府组织中，由于其非盈利性和公益性特点，员工的绩效很难以量化的方式进行考核，因此，笔者认为应当围绕员工行为建立绩效考核体系，可以借鉴企业在绩效考核中所使用的行为导向的客观考评方法。该方法的典型代表主要有四类：关键事件法、行为锚定等级评价法（Behaviorally Anchored Rating Scale，简写为 BARS）、行为观察法和加权选择量表法。这些方法的共同点是运用各种技术列举出员工的工作行为，然后对员工在多大程度上出现了这些行为做出定性或定量的评价，具有较高的信度与效度。

（四）建立科学、有效的人员激励机制

美国哈佛大学的詹姆斯教授在多年研究的基础上指出：如果没有激励，那么一个人的能力发挥将仅为 20%~30%；如果给予适当的激励，那么这个人将通过其自身努力使能力发挥出 80%~90%。我国非政府组织运行乏力、效率低下、人员流动性大、积极性不高等问题与其缺乏科学、有效的激励机制存在着密切的关系。因此，建立非政府组织人员激励机制显得尤为必要。

首先，政府要加快有关非政府组织登记制度规范化的进程。由于法律、制度等方面的原因，我国非政府组织注册登记十分烦琐，行政许可门槛过高，致使大量非政府组织影响力不足，这些组织往往被学者称为"草根"组织。因此，加快非政府组织立法工作，规范登记注册程序，对于增强非政府组织影响力具有很强的现实意义。

其次，建立合理的分类激励制度。赫兹伯格的"双因素激励理论"认为不满意的对立面并不是满意，消除工作中的不满意因素并不必然带来满意。该理论把那些用来消除带来工作不满意却不一定有激励作用的因素称为"保健因素"，把做到了便能达到激励下属目的的因素称为"激励因素"。非政府组织人员构成主要分有酬员工和志愿者，这两类人由于入职动机的差异，在激励方式上应当有所区别。对于有酬员工，组织应当建立起合理的薪酬体系，保证其基本的物质需要，即激发其积极性的"激励因素"；在此基础上创新组织结构，保证其社交、安全需要。而志愿者更关注实现社会理想与自我价值，因此，可以采取诸如培育积极奉献的组织文化、颁发有效的工作证明与证书、在政府引导下与赞助商一道组织富有积极意义的文化活动、巡演义演，以及以非政府组织名义向政府部门选举优秀人员如劳动模范、爱心模范等激励举措。

第四章　新时期高校人力资源管理的基本理论

第一节　高校人力资源管理的现状

高校人力资源是指从事或服务于高校内部教学科研等工作，推动高等教育、经济和社会发展的具有体力和脑力劳动能力的在岗员工的总和，主要由教学科研人员、行政管理人员和后勤服务人员三部分组成。教学科研人员是高校人力资源的主体，承担着高校教学、科学研究和社会服务的重要职责。行政管理人员是高校人力资源的关键所在，必须具备良好的政治思想和教育管理专业素质，促使行政管理更加科学化、过程化和目标化。后勤服务人员则是高校人力资源的补充，为高校的建设和发展以及教学科研活动的顺利进行提供坚实基础和有力支持。高校只有增加人力资源储备，建立长效的激励机制，才能更好地吸引人才、用好人才，使人才能够真正地发挥他们的效力，为高校所用，推动整个社会的良好发展。

随着高校扩招和市场经济体制的发展，我国高校在人力资源管理方面虽已取得良好的发展，但还存在一些阻碍因素影响了高校整体的人力资源发展。

一、高校人力资源管理的现状

（一）高校人力资源配置效率低

人力资源配置是按照社会对劳动力的需求，将人力资源分配到社会各个生产环节的过程。对于高等院校，高效率的人力资源配置是促进高校快速发展和增加国民经济增长的有效手段。随着市场经济体制的运行和高校招生规模的扩大，高校的人力资源配置效率已经有了一些改善，但是在众多因素的影响下，高校人力资源配置依然存在一些问题：第一，对于我国的高等院校特别是公办高校，高校的领导者基本都是国家指派，他们原来都担任一些政治职务，因此这就会导致高校的人力资源管理理念会受到政府制度的影响，而高校本身的自主权利会相应地缩减，影响人力资源管理工作的高效率运行。第二，高校规模的扩大也使得高校本身对教师以及相关行政管理人员和后勤人员的需求增多。近几年来，高校在对教师进行招聘的时候大量引进了专业的研究生和博士，他们的年龄层次趋于年轻化，这就致使高校人力资源比例失调，其中教学经验缺乏、科研能力薄弱的青年教师偏多，而高精尖人才、学科带头人和骨干教师的数量偏少；管理层中缺乏管理思想和领导能力兼备的人才；有些高校还会出现专职教师数目过少，教师数量和行政人员数量不匹配等现象。整体看来，高校人力资源配置效率低下，突出表现在各层次和各岗位之间人员配置比例不协调。这样将会造成人力资源的浪费，阻碍高校进一步良好发展。

（二）招聘机制不健全

有些高等院校通常是在人力资源出现缺口的时候才会组织一些招聘，并没有把招聘列入人力资源管理的规划中。高校在招聘中存在着以下的问题：第一，高校在对教师招聘的过程中对学历的要求越来越高，普通的本科院校基本要求博士学历。有些高校在招聘的时候还要看应聘者毕业院校的知名度，如果是毕业于"985"高校的，竞争优势就会非常明显。更有甚者，一些院校在进行招聘的时候会对应聘者的第一学历进行筛查，如果第一学历不是"211"或"985"高校，基本上就被淘汰，这种过分看重学历的情况会影响高校招聘的质量。高校在招聘时应该看重应聘者的学术能力、科研能力和教学能力的高低，而不能只看重应聘者学校的名气，应该综合考虑，否则招聘进来的人才可能就带动不了学校相关学科的发展。第二，高等院校是被社会所认可和推崇的，这也使高等院校的岗位成为一种稀缺岗位。

（三）人才培养力度不够

一些高校只注重人力资源的引进，但是缺乏后期一系列的培训，没有把人力资源的培训与开发作为一项重要内容。大部分高校把人力资源的培训当作一种成本，而没有看到后期给高校发展带来的良好影响。很多高校也认识到培训会给学校带来有益的影响，但是认为其作用有限，这些高校的管理者通常认为培训并不能提高高校人力资源的教学水平、科研能力或行政能力。而且，大多数高校开展的培训都是一般性的培训，并没有针对性，没有根据人员的需求进行培训，最终导致培训得不到预期的效果。这种培训一方面增加了高校的成本，另一方面浪费了人员的时间，造成人力资源的培训与开发和实际工作环节脱节。

（四）绩效考评制度不合理

高校绩效考核制度决定了教职工对待工作的积极性。如何衡量人力资源对组织的贡献程度？如何合理配置现有的人力资源？如何决定现有人力资源的职业发展方向？如何针对不同的人员采用适当的激励措施？这些都有赖于科学、公正的绩效考核。部分高校在进行人力资源绩效考核时还存在一些问题：第一，有些高校在进行考核的时候会将考核结果分成优、良、中、差四个等级，每个等级都有一定的比例设置，这样会打消一些人的积极性，而处于同等级的人员也看不出具体的差别。第二，部分高校的绩效考核流程还不够严谨和规范，最终的考评结果与教职工的晋升、工资的上调和奖励等没有直接的关联，导致激励成效不明显。

二、提升高校人力资源管理的对策

（一）优化人员配置，提高人力资源管理效率

高校应当结合现有的市场环境，优化自身人力资源的配置。首先，要优化教师队伍的结构，使年龄比例、职称比例、高层次人才的比例都达到一个合理的范围，优化师生比例，确保专职教师的队伍要与学生数量相协调，提高教学效率和高校人力资源的利用效率。其次，要改善人力资源的结构，高校人力资源主要由教学人员、行政人员和后勤人员组成，高校要对其结构进行优化调整。高校主要是以教学人员为主，所以在人员配比上应该往教学科研人员方面侧重，在保证高效率的工作运转的同时，加大教学人员的比例。对于行政管理队伍，高校应当实施精英选拔制度，去除冗余人员，培养一批高素质、专业能力强的高级管理人才；对于教学人员，高校应当根据学校专业设置、办学理念和学科发展来确定教师的数量和岗位，不断提高他们的综合实力。总之，最终要实现人岗匹配，人尽其才，提高人力资源管理效率。

（二）健全高校人才引进机制

针对现有招聘体系当中存在的一些问题，可以从以下几个方面提出一些改进方案。首先，高校应当继续提高人才引进的门槛，确保教研人员拥有高学历，提高人力资源队伍的整体学历水平；在进行人员招聘的时候，不应当只注重被招聘人员的"出身"（应聘者毕业院校的名气以及导师的名气），还应当重视应聘者的科研能力和创新能力，要根据不同岗位和学科特点来对应聘者提出不同的要求，如果有特别优秀的人才，则可以适当降低一些硬性指标的要求，做到不拘一格降人才，增强高校高级人才的储备。其次，在进行招聘的过程中，高校应当做到真正地公平公正、按岗设需、平等竞争，杜绝有人依靠裙带关系应聘到相关的岗位上。最后，高校在保证自有专职教师数量充足的条件下，应当加强与其他高校的合作，增加访问学者的数量，共享教师教育资源，也可以聘请其他高校的优秀教师担任本校的兼职教师等，提高师资队伍的层次。

（三）做好人力资源开发与培训

高校作为向社会输送高素质人才的场所，其人力资源承担着主力军的角色。面对层出不穷的新科技、新知识和新学科，及时进行人力资源培训就显得尤为重要。高校需要重新审视人力资源开发与培训的重要性，把其列为人力资源管理的主要环节。首先，高校要制定合理的培训目标，确保每个岗位的教职工都能够定期接受与其岗位相关的有效培训，例如，青年教师的岗前培训活动、各种专题讲座、高级研讨班和学术沙龙等。其次，高校应当选择合适的人担任培训人员，可以聘请校内有经验的一线教师、管理人员以及校外的优秀学者和管理人员对不同岗位的人员进行培训。现有高校中人数比重比较大的依然是

中青年教师，所以高校应当把中青年教师作为重点培训对象。对高层次人才进行培训时，应当多以探讨为主，有利于激发出来一些新的教学理念；对于行政和后勤人员进行培训时，应当着眼于提高他们的服务能力和工作能力，最终达到促使学校进步和学科发展的效果，真正实现培训目标。

（四）完善高校人力资源考核办法

一个科学的绩效办法能够公正、合理地考核高校教师、管理人员和后勤人员的工作质量，并以此为依据给出考核结果，奖励那些有贡献的人员，促使他们不断完善自身的工作，提高他们的工作积极性。高校在进行绩效考核时，应当结合自身的特色，既要考虑经济效益，也要考虑社会效益。在对中青年教师进行考核指标设置时，高校应当处理好科研和教学这两者之间权重的配置，建立一个灵活、有效的考核指标。对于高层次和科研能力比较强的教授，可以发挥他们的科研优势，增加科研考核指标的权重而降低教学考核指标的权重。对于行政管理人员和后勤管理人员，可以将工作完成的时效和质量来作为考核的评判标准，制定严格的奖惩措施，以真正起到激励的效用。另外，高校在绩效考核和奖惩激励的过程中，还应当充分考虑人力资源的岗位异同、需求差异和区位差异，要因人、因岗、因时地建立考核体系，使高校的每位教职工都能充分体会实现自身价值的满足感和贡献社会的成就感，从而以更加积极的态度去努力完成自身工作、发挥个人价值，创造社会效益。

本节从高校人力资源配置效率、招聘机制、人员培训与开发、绩效考核这四个方面分析了高校在人力资源管理中存在的一些问题，提出可以优化人员配置、健全高校人才引进机制、做好人力资源开发与培训、完善高校人力资源考核办法这些措施，以期促进高校人力资源管理的良好发展。

第二节 高校人力资源管理的创新途径

高校是我国培养人才的重要基地。人力资源是高校管理和发展的重要组成部分，其管理的效果会直接影响人才培养的质量。随着经济的发展，市场对人才的需求有了很大的转变，这决定着高校人力资源管理同样需要做出变动以适应多元化的需求。创新是高校人力资源管理的有效途径，能够进一步优化人才结构，提高资源配置的效果，壮大高校人才队伍的结构。本节以高校人力资源为主，分析它的主要特征和管理中存在的缺陷，探讨高校人力资源管理创新的重要意义，并就此提出高校人力资源管理的创新途径。

高校人力资源管理的创新最初要从观念入手。理念的创新能够助推高校对人力资源管理创新意义的重视，并从根本上来落实创新改革战略。首先，人力资源创新战略的目标要以高校实际发展状况为前提条件，同时注重人事管理的独立性和特殊性等相关特征，对于人力资源的组织、调配和管控都需要从战略的方向出发。其次，人力资源管理体制要从整体上来实现创新，领导层的管理实务要逐步下放至不同的院系，强化院系的管理水平，使人力资源具有相应的二级管理层，以良好的协调关系来提高各管理层之间的管理水平。最后，创新的现代化人力资源管理应该是开放的和灵活的，高校需要在思想上进行解放，营造现代化的管理氛围，促使各个院系具有积极性和主动性，加强各个环节的协同，以此为高校构建高效率和高质量的创新人力资源管理体制。

一、高校人力资源的主要特征

（一）整体流动性大

通常来说，高校的师资力量较为雄厚，人力资源的储备是可观的。随着知识经济的发展，在市场中，高校的人才队伍具有非常大的竞争力。站在个人的角度，自我价值的提升促使高校教师职业选择的路径越来越多，他们偏向于选择社会认可度普遍较高的工作。

（二）有着鲜明的独立性

在高校人力资源的构成中，教师的综合素质较高，而且他们更具有独立性。在实际的工作中，他们更加重视环境的自由度。不同的追求促使他们在职业发展中更强调对工作的自我引导和合理安排，在时间的规划上张力非常明显。

（三）管理过程和结果无法协同评价

人才培养和科学研究是高校教师的核心工作，然而人才培养的效果和科研水平的程度难以用详细的标准来体现，导致在实际的工作中，这两者呈现的价值没有明确的方法来判定。而且人才的培养处于不断的发展中，要严格监控管理过程并不容易。

二、高校人力资源管理存在的缺陷

（一）缺乏科学的评价和考核体系

在人力资源管理中，绩效考评是专业性和技术性较强的工作，同样是高校人力资源管理创新中非常具有挑战性的工作。在这方面的实际发展中，存在的不足之处非常多。首先，高校绩效考评的标准非常单一，而且没有进行细化，考核的标准内容存在笼统、模糊等问题。其次，考核的方向缺乏灵活性，更多依赖于定量结果，促使教职工形成了数字化考核的意识。在绩效考核过程中，相关人员缺乏充分的沟通。考核过程只有由全员参与才能发挥绩效评测的价值。不管是怎样的考核标准和手段，单一的部门都难以有效地执行绩效考核。最后，绩效考核的结果评价至关重要，能够促使这一方案不断改进，是教职工提升能力的参照依据。但是，部分高校却将绩效考核评价结构束之高阁，决策依旧以主观的判断为主。

（二）对人力资源管理缺乏创新性认识

在现代化经济体系深入改革之下，新的人力资源管理方式源源不断地出现，并且逐步向高校渗透。很多高校开始重视人力资源管理，并且针对人力资源管理制定了创新性的发展战略。然而，传统的人力资源管理的思想和模式难以一时改变，其影响力较大。受制于这种传统的管理思维，部分高校对人力资源管理缺乏创新性的认识，难以全面、专业且深入地了解现代化人力资源管理理念，从而干扰了高校日常对人才配置及人才建设等方面的工作。整体的人力资源管理因为观念上缺乏创新性认识，所以无法得到健全和优化，管理的水平与现代化的人力资源管理理念不匹配。

（三）人力资源信息化管理程度弱

信息技术在现代化社会被应用在各个行业，有效地提高了管理的效率。信息技术的利用是实现创新改革的关键途径之一，然而高校人力资源管理中的信息化构建基础并不坚实。一方面，传统的人事部门经由不断地发展逐渐演变成高校的人力资源管理部门，原有的人力资源管理人员在信息化上并没有一定的技能储备，而且经验不足。另一方面，当下的信息化技术更新换代的速度非常快，高校的学习培训的速度难以达到与之相符的状态，相关的工作人员在人力资源管理中不能在短时间里掌握并且充分利用创新技术。此外，在人力资源管理信息化的建设上，高校欠缺足够的重视，在资金上没有给予充分的支持，降低了人事部门管理的效率。针对信息化建设，仅仅是一时的利用，缺乏长期的统筹规划，所以信息化建设在人事信息处理和信息共享等方面没有发挥有力的作用。

三、高校人力资源管理创新的重要意义

现代化的企业对于人才的需求随着市场的变动出现了转变。高校人力资源管理只有通过不断的创新，才能提高人力资源管理的质量，才能适应新时代下人才市场的需求。从不同的角度来说，首先，高校人才培养的基础是人力资源管理。创新的人力资源管理能够为高校构建科学的管理体制，一方面从整体上来增强高校人力资源的综合素质，强化人才队伍的建设，并且提升人才培养的效果，另一方面高校的教职工和其事业发展可以在创新的人力资源管理下取得良好的发展。其次，创新的人力资源管理会优化管理方法，提高灵活性，借助现代化的技术提升管理的效率。人力资源管理涉及方方面面的内容，是较为烦琐的工作。传统的方式是基本由人工执行，在耗费人力、物力的同时，还会花费很多的精力，浪费资源，同时也存在诸多的漏洞和错误。而通过创新，高校人力资源管理逐步向信息化方向发展，在使人摆脱了烦琐工作的同时，还提升了各种人事信息的准确性和全面性。

四、高校人力资源管理的创新途径

（一）观念转变，将创新多角度渗入

高校人力资源管理涉及的内容非常多。针对繁杂的工作实现创新，需要创设健全的人力资源管理机制，从而在创新中提高人力资源管理的水平。首先，转变高校人力聘用的方式，引入多层次人员聘用理念。随着知识经济不断发展，各个高校对在人才方面的竞争尤为激烈。人才是发展的关键，高校需要在人力资源管理创新中不断引入和培养高层次、复合型人才，将其作为人力资源管理能力提升的核心。其次，在人才的聘用中，以工作性质进行层次划分，有创新理念和专业能力的高层次人才应在人力资源管理中担负开发和管理工作，推动人力资源实现现代化的管理标准。人力资源管理质量的提升需要选择多元化的聘用机制，帮助其向分类管理模式推进。

（二）创设健全的人力资源管理机制

高校进行人力资源管理的目的是提高它的效益和效率，以学校的任务和人才发展的规律为前提条件，采用了科学的方法和原理对学校各级人员进行规划和组织，同时对一些人事关系进行协调和指导。人力资源管理的职能包括教职工的聘用、调配、薪金奖惩和培训福利等内容，它所涉及的内容非常繁杂。在现代化社会中，高校承担着培养人才、创新知识和为社会服务的关键性责任。人力资源管理的效果会影响我国高素质人才的培养。高校需要不断以创新的方式来实现人力资源管理的价值，以较高的综合素质来培养优秀的人才。

在高校岗位的管理中，要构建岗位聘用机制，同时辅助以合同强化管理的效果，通过这两种方式来优化人力资源的配置效果。为了转变传统管理模式中的身份管理方式带来的不足，高校要突破人力资源建设中论资排辈的管理方式，为优秀且有能力的人才提供充分的平台，以保证在创新的过程中高校人力资源管理能够向规范化和专业化方向发展。

高校人力资源管理面向的是全体人员，要通过创新提高整体人员的综合素质，需要对绩效考评建立战略导向机制，推动教职工主动进行自我完善和发展。同时，为强化人力资源管理的地位，赢得多方人员的支持，高校需要将教职工未来的职业发展和人力资源管理相结合，在高校人力资源创新战略实现的同时，使得教职工的职业发展目标同样也能够得到满足。最后，高校还需要引入符合高校发展的人才激励和竞争机制，始终在创新的过程中坚持公平、公正的原则，在和谐、开放的环境中发挥竞争机制和激励机制的作用，从而为高校人才队伍的建设提供有效的动力。

（三）加强人力资源管理信息化基础建设

信息化建设不仅符合现代化社会的发展需求，而且也是高校人力资源管理创新的有

效途径，因此高校相关人员要强化信息化基础建设。首先，从信息技术的培训入手，高校在职人员要强化信息管理技术储备，不断更新自身的信息管理理念和技术，提升业务能力，熟练掌握当下较为受用的人力资源管理技巧。同时，在现有基础上，高校要不断地引进具有专业能力和先进知识技术的创新人才，优化岗位职责，为人力资源信息化管理的建设奠定良好的基础。要注意的是，高校人力资源管理实现信息化创新模式，需要以当下使用的信息技术体系以及人力资源部门人员的综合素质为前提条件进行技术更新，要保证创新符合实际要求，能够和高校人力资源管理相匹配。其次，为了能够深入发挥信息化技术在高校人力资源管理中的价值，需要做好长期的创新战略规划，从全局出现，确保信息化创新措施的前瞻性，避免单一和盲目。在这个过程中，高校人力资源部门管理人员要做好清晰的定位，促使信息化创新决策能够实现准确性。另外，为了强化人力资源信息化建设的效果，提升各个数据信息的利用价值，要制定标准统一的信息技术应用流程，整合各个平台的资源，强化部门之间信息的沟通和合作。最后，高校相关领导和各部门之间要给予充分的重视和支持，帮助高校人力资源针对信息管理的创新建设能够顺利落实。

（四）建立科学创新的绩效考核机制

围绕创新发展的高校人力资源管理要始终坚持以人为本的原则，使考核机制向定量化发展，并且考核的标准要不断进行细化，充分融合专业、素质和水平等多个方面，对教职工进行多角度、灵活性的考察。首先，绩效考核要打破单一方面的考量，避免采用仅关注成绩结果的考核方式，从实际出发，纳入工作环境、办事效果等多个因素。其次，完善绩效考核评价的指标体系，细化评价指标，并保证实际的岗位能够和评价指标相匹配。绩效考核具有很强的激励作用，为了能够充分发挥这一功效，不仅要确定激励因素，还需要建立灵活的激励手段，使各个绩效考核的结果能够和教职工的薪资福利和职业晋升相联系。综合来说，要以全方位的人才评价体系来改革人事制度，不断发展人才，逐步稳固人才，激发人才的创造力。

人才建设在高校的发展中至关重要，其聚集的程度能够充分体现高校的实力。强化人力资源的管理对于高校培养人才具有重要意义。目前，人才的发展向多元化方向转变，高校人力资源管理的强化必然需要进行创新。只有创新才能使高校人力资源管理在顺应社会发展的同时，提升管理的质量和自身的竞争力。

五、"以人为本"理念下的高校人力资源管理创新途径

在高校的人力资源管理工作中，管理者已经高度重视以人为本的工作理念。在人力资源工作中，一些人力资源管理者开始与自身的实际情况相结合，不断探索和创新工作方法。

（一）创新管理理念，从"以事为本"转变为"以人为本"

以事为中心，是传统的高校人事管理的重心，属于行政事务性工作。人的开发与管理，

是人力资源的核心。要完成这些工作，就要遵循以人为本的理念。首先，建立教职工和学校之间的新型关系，与教职员工自身的特点相结合，在人力资源管理中，真正落实"以人为本"的理念。人力资源管理工作的落脚点和出发点就是教师的利益，重点对关系教师切身利益的突出问题进行解决。比如，遵循学术规律和教育规律，管理教师的学术问题。应充分尊重教师的劳动特长和心理特征，将他们的创造力和潜能最大限度地发挥出来。其次，完善学校各职能部门和后勤管理的服务机制，转变高校管理和服务部门的职能，建立现代化师资管理模式，突出教师的主体地位。再次，转变管理工作的思维方式和工作方法，将传统的行政型和经验性管理向规范化和标准化的管理转变。

（二）创新管理机制，合理配置人力资源

在以人为本的理念下，高校为了做好人力资源管理工作，需要与现阶段市场环境相结合，优化配置人力资源。首先，优化和完善教师队伍结构，确保高层次的人才具有更加合理和科学的职称和年龄比例。同时，高校还要不断地调整和优化师生的比例，使得专职教师的队伍能相互匹配和有机协调学生的数量，由此不断提升高校的教学效果和教学效率，以科学合理地利用人力资源。其次，进一步优化人力资源结构，主要涵盖行政人员、教学员工和后勤人员。高校应不断优化和调整这些人员的结构，在配比上对教学科研人员更加重视，通过加大教学人员的比例，保障高校工作的高效运转。再次，建立完善的绩效考核机制，全面考核教职工的工作水平，从物质上和精神上，给予那些具有突出贡献、工作认真负责的教职工一定的奖励，使他们能在工作中再接再厉，促进自我工作水平和工作效率不断提高。高校要建立完善的考核指标，在对中青年教师的考核指标进行设定时，需要对教学与科研进行科学的配置；制定完善的奖罚措施，根据工作效率和工作质量，全面考核行政管理人员和后勤管理，将激励的作用全面发挥出来。最后，针对行政管理队伍，在遵循以人为本的前提下，对于精英选拔制度充分地贯彻落实，要将一些冗余的人员裁减掉，对大批优秀的高级管理人才进行培养。

（三）制订人才资源开发和管理的长远规划，完善人才引进机制

高校人力资源管理应遵循以人为本的理念，进行合理的目标定位。通过有机结合人才培养、引进和管理等环节，对战略性的人才管理的长远规划进行制订。新经济知识时代的到来，人才需求的层次越来越高。高校必须有超前意识，与学科建设相结合，做好人才的规划、吸收和培养工作，以形成人才建设的良性循环，促进学校整个师资队伍和结构水平的提升。同时，高校还应立足于长远规划，培养中青年骨干教师，以不断延续学科优势。

首先，为了保障人力资源管理队伍具有较高的学历，高校应将人才引进的门槛进一步加大。同时，在招聘的过程中，高校还需要高度重视应聘者的教学能力和科研能力；并且与学科和岗位的具体特点相结合，向应聘者提出不同的标准与要求，如果人才特别优秀，则可适当地降低对应指标的要求，以便使高校高级人才的储备更加丰富。其次，高校还要遵循公平和公正的原则进行招聘，以防发生凭借裙带关系而成功应聘的情况。再次，为了

能真正共享教师教育资源,在保证拥有足够专业教师的前提下,还应加强与其他高校的合作与交流工作。高校应积极聘请其他高校优秀的教师兼职本校工作,不断壮大高校的师资队伍,促进师资队伍水平的全面提升。

(四)充分重视人力资源的开发与培训

作为培养优秀人才的摇篮,高校的人力资源管理的作用不容小觑。当前,随着迅猛发展社会经济的,各种新知识和新技术层出不穷。为了培养更多优秀的人才,与时代发展相顺应,高校就要对人力资源的培训作用高度重视。首先,制定完善的培训目标,定期组织和开展培训工作,使不同岗位的教职工都能够接受相关的培训教育。其次,高校要合理选择培训人员,可以聘请具有丰富经验的一线教师和管理人员,或者从校外聘请优秀的专家,负责不同岗位人员的培训工作。高校应将中青年教师作为培训的重点对象。同时,高校要采取探讨的方式与高层次的人才开展培训活动,使他们能拥有更多的创新理念;另外,要注重培养行政人员和后勤人员的服务能力和工作能力,将培训的作用充分发挥出来,这样才能为高校各项工作的开展提供保障。

在高校人力资源管理工作中,应遵循以人为本的原则,努力营造一个具有和谐人事关系、优越科研条件、优良学风和宽松政策的软环境,高度重视人才,尊重知识;牢固树立以人为本的管理思想,将工作的重心放在合理利用和配置人才方面;建立高效的激励机制,将员工工作的积极性充分调动起来;强化对教职员工的培训管理,促进培训实效性的增强;运用规范化和科学化的人力资源管理方法,建立以人为本的现代高校人力资源管理制度,促进高校人力资源管理工作的顺利进行。

第三节 知识经济与高校人力资源管理

网络技术的广泛运用和经济全球化的快速推进正在逐步改变着经济发展的潮流,信息时代的到来也意味着知识经济的到来。要在知识经济社会中立于不败之地,就需要不断地丰富知识。高校的人力资源管理影响着当代大学生的培养,只有采取合理、有效的人力资源管理策略才能促进大学生知识技能的提升,才能让我国整体素质得到提升,从而适应知识经济社会的发展。

一、知识经济与高校人力资源管理

(一)知识经济的简要阐述

知识经济是与农业经济、工业经济相对应的一个概念。知识经济以知识等无形资产为基础,农业经济和工业经济以物质等有形资产为主,对能源、原材料、劳动力有很强的依赖作用。早在1996年，经济合作与发展组织（简称为经合组织）就对知识经济做了较为明确的规定，知识经济即直接依据知识和信息的生产，分配和使用而建立的经济。

（二）知识经济对高校的人力资源提出新要求

首先，在师资力量配备上，应该提高标准，以适应知识经济环境下以知识密集型企业为主的用人要求；其次，加强对学生创新思维、多角度思维的培养，提高学生创造力水平，使其能够更好、更快地融入社会。而这些都离不开加强对高校人力资源的管理，需要教师和学生共同努力。

高校教师的聘任大多注重学历，注重任教经验、留学经历，很少有高校关注教师的创新能力、是否具有丰富创造力等方面。而且，高校一般在录用后会采取封闭管理模式，没有对教师进行上岗培训，没有强调教学中对学生创新能力和创造力能力的培养。更为重要的是，大多数高校采用"终身聘用制"，没有一个长期有效的人才培养方案，教师之间缺乏竞争，这也使得教师在教学时缺乏创新，照本宣科现象严重。最终，高校人力资源管理漏洞反映到学生的学习效果中来，就会使得学生缺乏学习兴趣。

近年来，高校扩招已成为普遍现象，高校常常通过新增热门专业、扩大原有专业的招生人数来达到获得一定的经济效益的目的。一方面，读大学变得更加容易；另一方面，高校没有根据学校本身的现实情况进行扩招，往往使得教师资源形成一个很大缺口。这就给高校人力资源管理造成了很大的困难，教师资源不能合理分配最终势必会影响学生的知识能力水平。

高校没有采用科学、有效的人力资源管理方案对高校教师进行统筹管理，这就使得教师在年龄结构、学历结构和职称结构等方面与其所做工作不匹配。很多一般性的教师被安排到教授层次的科研和教学中来，教师不仅在教学中感到十分吃力，也不能对学生有很好的指导作用。高校人力资源配置不合理，导致了高校人才的浪费与滥用。

高校教师职称评价也是人力资源管理的重要一方面，但是教师职称评价大多只是根据教龄和学历来衡量教师的教学水平和教学能力。这样的教学评价系统对教师并不能进行客观公正的评价，教师对学生创新思维、创造力的培养并没有在教学评价体系里面，所以教师在教学时大多一成不变，延续原有的教学思路与教学办法。而且，高校的职称评价缺乏竞争，年轻教师很大程度上要无条件将职称评价机会让与教龄较长的教师，这就使得很多教师没有紧迫感，没有危机感。

二、科学、有效地进行人力资源管理

（一）建立科学的人力资源管理制度

在知识经济的大背景下，高校要科学、有效地进行人力资源管理，就需要在人力资源的方方面面制定出条款办法。首先，建立健全高校教师的聘用机制，不再只以文凭问英雄，多观察应聘教师的思变能力和创新能力，将其作为新教师考核的重要依据；其次，对于已经入职的教师应该加强培训，增加其知识素养，让其能够学习到更加丰富多样的教学方法和教学手段；再次，要对教师造成危机感、紧迫感，在职称评价中，不在仅仅注重教师的教龄、学历，还应该对教学效果做出客观的评价，使其成为职称评价的重要依据。对于长期不作为的教师，可采取辞退处理措施。

（二）以人为本，以学生为本

高校要摆正自己的定位，要为建设特色社会主义源源不断地输送现代高素质人才，而不是一味扩招，将大学变成"生产线"。所以，高校首先要停止大量扩招，对学校的教师资源进行综合考核和评定，将教学资源与学生相联系，让高校的人力管理制度更好地发挥作用，让每一个学生都能受到良好的教育，让教学资源能够得到合理分配。

（三）吸收其他高校先进的人力管理经验

高校要积极吸收其他高校先进的人力管理经验。例如，高校在进行人力资源管理时，应首先对人力资源管理策略做出长远的规划，将人才培养、教师培训与教师、学生管理结合起来，根据学校的发展定位、发展方向做出战略部署，从一个长远的角度来分配人力资源。同时，高校应对全校教师的年龄结构、学历结构和职称结构等进行统一登记与分析，确保资源的合理配置，真正发挥人力资源的重要作用。因此，高校可以学习并借鉴这些管理模式，充分发挥出人力资源的优势。

在知识经济的大环境下，知识发挥着促进社会进步、促进经济发展的重要作用。高校为社会输送高素质人才，其管理的优劣最终都会反映到人才质量上来。要想让大学生适应社会发展，就必须对高校的人力资源管理上的漏洞进行综合整治，不断建立健全高校人力资源管理体系，发挥人力资源管理的作用，让高校的资源都能得到合理配置。

第四节 高校人力资源管理文化建设

随着知识经济逐渐发展并深入人心，人力资源作为核心生产力在"人才的摇篮"——高校的管理文化建设逐渐得到重视。为此，本节总结了当前学术界对于高校人力资源管理文化建设的研究现状与趋势，对我国高校的人力资源管理文化建设的概念进行了阐述，分析了当前高校人力资源管理现状及出现的问题，提出了三条路径探析，以期在高校人才梯队的稳定、人力资源管理建设方面做出有益研究，为我国高等教育的发展提供新的发展思路。

《教育部等五部门关于深化高等教育领域简政放权放管结合优化服务改革的若干意见》中指出，必须坚持"完善中国特色现代大学制度，破除束缚高等教育改革发展的体制机制障碍"的指导，激发高校内一线的教学科研人员教书育人、课程育人、实践育人和文化育人的积极性，使他们投身于创新性人才的建设中去。高校是我国培养社会发展所需人才的储备地、重要阵营。高校在人力资源管理方面的建设现状，往往影响着高校的人才培养质量。高校人力资源管理及其文化建设有着重要的地位与实际研究价值。本节首先阐明了高校人力资源管理文化的内涵，分别对其结构和特征进行了探讨，并结合实际案例对高校人力资源管理出现的问题进行了分析，探究了高校人力资源管理文化建设的具体措施。

一、研究现状与趋势

为全面地了解国内学者对"高校人力资源管理文化建设"即本课题研究的基本情况，笔者以"高校""人力资源""文化"作为题名检索词，在"中国学术期刊网络出版总库""中国优秀博士、硕士论文全文数据库"进行题名的准确检索，共计得到文献165篇。根据现有的检索结果可以得出，目前高校人力资源文化建设的研究已经在学界引起了重视，尤其在2012年国家出台相关政策，2017年教育领域简政放权等政策的实施后，高校人力资源管理文化建设这一主题的文章数量不断增多。目前，主要以高校人力资源部门人员的实际经验总结为主，这些文献主要从以下两个方面开展了介绍：

一是高校人力资源管理的问题及对策研究。这一方面的研究主要以研究某一地区或者某一高校的实际人力资源管理为例，总结现状与问题，并提出可行性对策。刘斌在《高校人力资源管理的问题与对策研究》一文中对山东省几所大学人力资源管理的现状进行了分析，在人事制度管理观念、人才考核办法、选聘用人制度、人员安置机制、激励保障机制几方面进行研究，提出完善激励机制、建立人力资源管理系统、加强教师培训、管理与完善薪酬制度等四个方面的改进措施。

二是某一具体领域导向的高校人力资源管理研究。廖华平的《组织文化导向的现代高校人力资源管理职能优化方略》一文中对建立以组织文化为导向的现代高校人力资源管理模式进行论证，这种优化方略能够有效激励和发掘教职员工的工作动力和潜能，提高管理效能。综上所述，虽然目前的研究总结了高校人力资源管理的问题和策略，但是研究仍然不够深入，依旧存在着方法滞后等问题，不能为高校人力资源创新发展提供科学的理论依据和实践指导。

二、高校人力资源管理文件建设概述

（一）高校人力资源管理文化的内涵

高校人力资源管理文化是管理文化的一种，不仅具备管理文化的共同特征，也具有自身的独特性。须说明的是，本节所介绍的高校人力资源管理文化内涵偏向于独特的文化结构和性质，并从微观和宏观两个领域对其特性和建设策略进行了探究。

（二）高校人力资源管理文化的结构

高校人力资源管理的内容不是单纯的人力资源结构，还上升到了文化层面上，通常来说包括以下三个方面：

1. 物质层

物质层是第一层次，是高校人力资源管理文化的基础，体现在理念、作风和主导思想等方面。例如，如果教师个人比较喜欢的绿色盆栽，就可以有效改善教师的办公环境，让教师身处于绿色、自然的物质环境中，更容易受到良好文化的熏陶。

2. 制度层

制度层约束着工作人员的行为，让高校对教职工的要求得以体现。例如，在教师年度考核问题上，高校往往设置与之相关的制度，以逐步规范教师的职业行为。另外，年度考核制度也有效激发了教师的工作积极性，在一定程度上促进了高校教育教学质量的提高。

3 精神层

精神层是建设人力资源管理文化的重点，是高校人力资源管理文化形成程度的有效衡量标准，通常表现在教师队伍精神风貌、教师工作和发展目标、教师职业道德等几个方面。

（三）高校人力资源管理文化的特征

1. 兼施性

人力资源管理文化对高校教职员工的约束作用，不仅通过管理制度体现出来，还借助社会主义核心价值观对他们产生熏陶和引导的作用。在制度与文化软约束双重作用之下，人力资源管理文化得以逐步完善。

2 持续性

对于高校来讲，人力资源管理工作具备长期、持续、连贯的特征，不会因为问题波动影响发生停滞。这种文化会伴随周围环境的改变而变得更加充实。如果一味需求封闭，则会让思维变得更加僵化，不利于人力资源管理及其文化的形成。

三、高校人力资源管理现状与问题

我国高校人力资源管理由于受到计划经济的影响较深，并不是完全现代意义上的人力资源管理。近年来，随着"科教兴国，人才强国"战略与高校简政放权策略的深化实施，高校各方面的管理制度不断完善，高校人事管理取得了一些成绩，但是仍然存在着人力资源管理意识淡薄、绩效考核与激励机制不完善、人员资源配置效率低下、人力资源管理制度不规范等突出的问题，具体表现如下：

（一）高校人力资源管理意识淡薄

改革开放之前，国内以计划经济为主体的经济基础导致科学的人力资源管理体系并未从基础上建立起来，高校同样如此。高校缺少人力资源管理的传统土壤，导致人力资源管理意识淡薄，传统的意识观念根深蒂固。除历史原因之外，当前部分高校管理人员未真正意识到高校人力资源管理人才的缺乏，对人力资源工作的指导也仅仅限于循规蹈矩。高校在人才的培养、资源的引进等方面没有切实考虑到学校自身发展的实际需求，在人力资源管理人员的培养上缺乏系统的体系与长远规划，在人力资源管理人员的定位上与实际需求脱节。

（二）绩效考核与激励机制不完善

当前人力资源管理的内涵与延伸是动态的，不是一成不变的，绩效考核与激励机制也需要因事而化、因时而进、因势而新，不断进行完善。高校内部如何合理配置现有的人力资源，如何决定现有人力资源的职业发展方向，如何针对不同的人员施与适当的激励，这都有赖于科学、公正的绩效考核与积极机制。当前一些高校的人力资源管理存在着绩效考核与激励机制不完善的现象，不能满足教师的诉求，打击了部分教师的工作自主性与积极性。一些高校存在考核缺乏量化指标或者指标选取不科学的情况，考核时根据工作内容量进行考评却不重视质的监督，受到"晕轮效应""近因效应""感情效应"等方面的影响。在激励机制方面，一些高校忽略了教师对于精神层次的需求。

四、高校人力资源管理文化建设路径探析

（一）优化教职工的办公环境，有效激发其工作积极性

作为物质层面的办公环境，对教职工的心态、能力等肯定会产生重要影响。一方面可以不断减少办公室硬线条的数量，给人以柔美之感；另一方面，以画作为背景烘托氛围，可以让教职工倍感亲切、温馨、和睦。当然，也可以在一些地方摆放教职工喜爱的绿色植物，不仅让整个工作环境更加自然与和谐，还能让空间更立体化，让教职工的心情更愉悦，让工作效率在无形中得到了提高。

（二）建立健全约束机制和提高流程的规范性

例如，每日更新相关教职工的工作状态、由月例会改成周例会、向服务对象许下限时满意的答复和办理的承诺、推出"微笑服务"管理机制等，促进教职工的服务水平和质量的提升。这有助于我国高校人力资源管理文化的有效建设，而且能在一定程度上推动我国相关行业的规范化发展，还能促进社会、科技、文化等多方面的快速发展。

（三）培育社会主义核心价值观深入人心，指导思想开展具体的工作与生活

例如，开展提供"微笑服务""亲情服务"等，加强对高校人力资源管理文化的建设与社会主义核心价值观的认识。除此之外，教职工还须重视对细节方面的认识，将管理

的内容和标准逐步细化,在实际工作中有效落实每项任务。

高校要想提高核心竞争力就需要将人力资源管理文化建设提升到一个新的高度。回顾本节的研究,通过对人力资源管理文化概念、内涵进行分析,总结高校人力资源管理现状与出现的问题,研究深层次的原因,思考人力资源管理文化建设的对策,逐步完善高校人力资源管理文化建设开发体系;通过对主题的研究,笔者认为下一阶段应对高校人力资源管理信息化等方面加强研究,为人才保障与学校发展提供建设性建议和意见。

第五节 高校人力资源管理信息化建设

目前,我国大部分高校都使用了人力资源管理信息化系统,取得了不错的效果。随着信息化技术的深入发展,我国高校也在不断加大人力资源管理信息化建设的力度,希望能够推动我国高等教育事业进一步改革。本节阐述了高校建设人力资源管理信息化的意义,并着重阐述了高校加强人力资源管理信息化建设研究的有效策略,旨在为以后的研究提供借鉴。

一、高校进行人力资源管理信息化建设的重要意义

随着信息化技术的深入发展,高校人力资源管理受到了一定影响。在当今时代,互联网信息技术成为每个人学习、生活和工作不可或缺的部分,也成为人力资源管理者进行人力资源管理的一种主要工具。将互联网技术应用到高校人力资源管理中,能够打破时间、空间的局限性,将高校职工和领导者紧密联系在一起,提高人力资源管理的效率,降低人力资源管理的成本费用。由此可见,高校进行人力资源管理信息建设是提高人力资源管理水平、满足高校人力资源管理发展的必然需求。此外,高校进行人力资源管理信息化建设具有以下重要意义:第一,减少人力资源管理者的工作量,提升他们的工作效率。人力资源管理者运用互联网信息技术,在数据采集、数据确认和数据更新上能够节省时间,保证了数据的真实性,减轻了他们的工作负担。第二,有利于高校管理者科学、高效、便捷地完成管理工作。当人力资源管理信息化建设完成之后,高校管理者可以随时随地查阅教职员工的动态信息、人本资源配置和绩效情况。同时,教职工也可以通过系统查看学校的规章制度、通知、自己的薪资情况等。第三,人力资源管理者可以快速处理数据,进行数据整理分析,保证人力资源管理的公正性和公开性。尤其是在涉及个人利益的职称考评时,人力资源管理者可以根据真实、可靠的数据信息进行评定。

二、高校人力资源管理信息化建设研究的现状

目前,我国大部分高校都已经进行了人力资源管理信息化建设研究。但是与国外高校

相比，我国人力资源管理信息化建设研究仍旧比较落后。第一，高校人力资源管理信息化建设研究起步较晚，基础薄弱，信息化建设研究慢。大多数人力资源高校管理人员仍旧将工作中心放在人事管理上，不注重对人力资源数据信息的参考应用，信息误导现象严重，信息集成度较低，难以充分利用人力资源数据。由此可见，我国高校人力资源管理的信息化建设研究仍面临很多挑战因素。第二，高校人力资源管理信息化建设缺乏有力支持。高校管理层对人力资源管理信息化建设研究工作不够重视，再加上人力资源信息管理软件产品的自主研发和购买都需要大量资金，高校难以为其提供有力的资金支持。第三，高校人力资源信息化管理的软件产品质量参差不齐，存在软件产品不规范、生产厂家资质不合格等一系列问题。某些软件厂商的软件产品只满足了自身销售的要求，并未全方面考虑高校的人力资源管理要求，进而导致产生人力资源软件产品与高校人力资源管理需求不匹配的问题。

三、高校加强人力资源管理信息化建设研究的有效策略

（一）做好高校人力资源管理信息化建设的准备工作

高校在进行人力资源管理信息化建设的研究工作前，一定要预先做好准备工作，充分衡量高校是否具备人力资源管理信息化建设的条件，具体步骤如下：第一，高校应针对本校人力资源管理建设现状进行分析，并在此基础上做好人力资源管理信息化建设的规划。人力资源管理信息化建设规划应满足适用性、渐进性、配套性和可实施性原则，千万不能脱离实际，妄想一步到位。如果规划与实际情况相脱离，那么就是一纸空谈、毫无作用。应用这样的人力资源管理信息化建设规划，不仅会增加高校人力资源管理的成本，还会拖延实行时间，影响人力资源管理工作的进展。由此可见，高校人力资源管理信息化建设是一个缓慢、循序渐进的过程，随着实际运行不断调整和变化。因此，高校千万不要急于求成，应该在实际情况的基础上，一步步地实施人力资源管理信息化建设规划。第二，高校应注重人力资源专业人才的储备培养。专业人才的储备培养不仅基于技术要求，更基于管理要求。高校人力资源管理信息化建设工作是一项长期且复杂的工作，需要由专业管理信息化人才实施和开发。因此，强化高校复合型人才的储备培养至关重要。在培养复合型人才的过程中，既要注重培训人力资源管理系统操作和人力资源管理设备应用技巧，还要注重培训人力资源管理经验和理论知识；同时，还应培养复合型人才的创新能力、环境适应能力和自主学习能力。只有具备这样的能力，高校人力资源管理者在未来人力资源信息化建设管理工作中才能迎难而上、及时适应岗位工作，不断提升自己。

（二）构建全面的人力资源数据库系统

高校必须构建满足自身人力资源管理需要的数据库管理系统。通过数据库管理系统，高校可以收集、处理、储存、更新、应用高校内部的人力资源数据信息。所收集的数据信息主要包括三大类，分别是人事数据信息、教学信息和学术成果信息。构建步骤分为以下三步：第一步，选择数据库架构。当前我国大部分高校使用的数据库框架结构为C/S结构（客

户机/服务器）结构、B/S结构（浏览器/服务器）结构及C/S、B/S混合结构三种。B/S结构通用性比较强，任何浏览器都可以使用；C/S结构相比于B/S结构的通用性没有那么强，需要通过专用软件服务器实现数据系统功能，受到地域限制因素比较强，但基于这一结构设计出来的人力资源数据库系统操作界面个性鲜明、反应速度快；C/S、B/S混合结构结合了两种结构的优点，应用这一结构，既能够提高人机界面的操作性，简单步骤，还便于用户远程登录使用。第二步，确定人力资源部门的业务需求。在对人力资源部门进行业务分析之后，可以明确人力资源部门的功能模块，然后在这些模块的基础上设计数据库。第三步，拓展信息收集渠道。例如，从教职工档案、各类文件、教职工自我反映信息资料中收集信息。收集完成后，将数据信息整理入库。从构建数据库的步骤可以确定高校人力资源数据库系统设计的内容，包括个人基本信息、职务履历信息、学历信息、职称信息、技能等级信息、奖惩信息、人才信息、证书信息、培训信息、护照信息、家庭信息和其他信息等十三个界面。高校构建的数据库系统应具备以下功能：

第一，数据信息共享、跨数据库查询和统计功能。也就是说，通过人力资源数据库系统，人力资源管理者可以对教职工的数据信息进行查询和数据维护，能够统计发生变化的数据信息。

第二，具备与Word、Excel等办公表格和文档工具相互接连的功能。

第三，具备可扩充性功能，也就是指建立的数据库系统能够在任何时间和任何地点添加、更新数据信息，最大限度地避免出现数据信息滞后、数据库信息匮乏等问题。

第四，具备异库转换功能，所构建的数据库系统应采用C/S、B/S混合结构，应用这一结构为信息化系统各个模块之间的数据进行相互转换。

（三）构建校园网，加强数据规范管理

目前，我国大部分高校都构建了校园网。校园网具有可靠性、安全性和便捷性等特性，能够满足各个部门传输数据信息和数据信息共享交流的需求。高校应该加强校园网构建，同时，还应加强数据信息的规范管理。首先，加强对基础数据信息的管理，具体包括员工就职经历数据信息、考勤数据信息和薪酬数据信息等，保证数据的真实无误。其次，加强高校基本业务数据信息的管理。再次，做好人力资源数据库的优化工作，具体从数据库逻辑结构优化、结构化查询语言（Structured Query Language简写为SQL）优化两方面开展。从数据库逻辑结构方面来看，将数据文件信息和日志文件信息进行系统分布，对提升数据库性能非常重要。此外，高校应将各种存储表进行规范管理，将两个相互关联的表放在不同的物理存储设备或者使用结构化查询语言分区技术将大表进行分割管理，这种数据分离的形式能够优化数据库性能。尤其是对高校人力资源数据库系统而言，数据信息不断增加、访问量比较大，严重影响了数据库的运行速度。通过这种"使用分区"方式，将大表进行合理分区，当表和索引变大时，可以通过数据自动分区的方式来提高数据库管理系统的运行速度，既能节约数据库的存储空间，又能节省数据查询时间。从结构化查询语言优化来看，可以优化算法结构的简单化方式，也就是在查询语句设置时，尽量设计简单的算法结构，尽可能限制结果集航数。同时在对字段进行表达式操作时，如果可以最好不要使用WHERE查询语句，这在一定程度上避免了数据搜索引擎通过索引对数据库中所有数据进行查询扫描的情况。

  在大数据时代，信息化技术被广泛应用于各个领域，在人力资源管理这一方面也不例外，传统的人力资源管理方式已经无法满足当前人力资源管理的发展需求。在高校人力资源管理中，通过人力资源管理信息化建设，使用高效、便捷的人力资源管理系统，能够促进高校人力资源管理的进步，促进我国高等教育事业的发展。本节以高校人力资源管理信息化系统为研究对象，有针对性地提出了有效的完善策略来增强高校人力资源管理建设。

第五章 新时期高校人力资源管理模式

第一节 高校人力资源管理模式与发展方向

在新时期，高校的人力资源管理模式面临着巨大的挑战。人力资源在新时期的发展速度较为可观，然而在社会竞争力日益增长的今天，人力资源管理的方式成了当下较为重要的问题。合适的人力资源管理模式能够提高高校在社会竞争中的竞争力，帮助高校吸收较为优秀的人员，有利于高校稳固发展。本节将高校在建立人力资源管理过程中为高校所带来的优势以及建立人力资源管理模式过程中面临的一些挑战进行合理的分析，给出了一些解决问题的建议。高校可以依据自己所面临的问题的特征，建立适合自己的高校人力资源管理模式。

一、支持高校建立人力资源管理的观点

（一）加强高校人力资源管理的竞争力

随着社会经济体制不断地改革和发展，越来越多的高校出现在教育行业中。在这种情况下，怎样才能够保证高校顺利、稳固地发展已经成为当下高校必须面对的难题。人力资源管理制度的建立能够帮助高校将教师的潜能激发出来，并且将教师的能力尽可能地发挥出来，这样不仅仅能够帮助高校发挥出最大的效益，同时也提高了高校在社会中的竞争力。竞争力增加也能够刺激教育行业的发展，能够激发高校人力资源管理模式发挥最大的效益。在激发人力资源管理模式的过程中，教师的教学效率潜力也得到了一定的激发，这对于学生的学习效率是非常重要的。教育质量的提高也使得人才的质量得到一定的提高，这对于社会对人才的培养具有积极的影响作用。

（二）帮助高校吸收人才

当下社会竞争压力逐渐增加，对人才的吸收变得十分重要。由于现在人才的稀少，当下高校对于人才的需求也相当大。只有吸收了较高素质的人才，才能使得高校的效益最大化。高校才能够在社会的竞争中保持优势的地位，以免在竞争中被淘汰。高校建立人力资源管理帮助高校吸收更多、更好的人才，良好的人才管理制度能够吸引较多的

人才，使得这些人才能够成为高校稳定发展的重要保障。现如今，整个社会都急需人才。高校如果能够吸收质量较高的人才，再结合自身的人力资源管理模式，就将会有非常可观的发展前景，也能够在一定程度上促进人力资源的发展并且能够提高高校的管理水平，这对于整个社会制度的改革也是非常有利的。

（三）完善高校的教师管理模式

在高校的管理模式中，教师管理模式具有重要的影响作用。但是，目前高校的教师管理模式还存在着很多需要改进的部分。高校的较为完善的管理模式将会大大提高教师的积极性。在人力资源管理中，教师管理能够激发出教师在教学工作中的最大的潜能，这对于高校整体管理水平的提高具有积极的影响作用。高校在建立人力资源的过程中能够使得教师管理成为管理模式的一部分，这一部分将会对高校的管理模式带来一定的影响。只要能够采用适当、合理的方式，人力资源管理将会给高校的管理带来非常积极的影响，进而能够稳固高校当前的优势，将教师的工作效用最大化，让高校能够长久、稳定地发展下去。

二、高校建立人力资源管理的过程需要改进的部分

（一）高校对人力资源管理模式的了解欠缺

高校对人力资源的管理模式的认知还较为肤浅。大多数高校对教师都只进行绩效评价，往往只关注教学质量与物质之间的关系，却忽视了一些其他的精神需求，这在一定程度上降低了高校的管理水平。因为，绩效评价只能刺激一部分较为注重物质需求的教师，对于大多数教师起不到决定性的作用。教师在教学过程中注重的不仅仅是物质需求，更重要的是自我价值的实现。在这个实现自我价值的过程中，教师更需要一些精神上的支持和鼓励。除此之外，高校对教师的关注仅限于课堂教育的成效，这不能从根本上抓住教师全心全意工作的心，这样对于高校的管理效用是有消极影响的，长此以往对于高校的长期发展也会产生一定的负面效应。

（二）人才培训管理模式选取不恰当

现如今，在选择人才培训管理的过程中，大多数高校一味地采取较为新鲜的培训管理模式，往往忽视了高校自身的需求。高校盲目地选择人才培训管理模式，使得高校在进行人才培训的过程中不能够发挥人才的最大效用。高校人才在质量方面存在着一定的多样性，不恰当的人才培训管理会使得高校人才不能够发挥出自己的优势，进而影响高校整体的办学效率。除此之外，部分高校选择的人才培训的内容不能够跟上信息时代的步伐，使得高校人才的效用产生了停滞。人才培训内容和方式的不恰当都会影响高校人才效用的发挥，进而影响高校的人力资源管理水平，这对于人力资源管理模式在高校中的发展是非

常不利的，对于教育事业的发展也具有消极的影响作用。

（三）人力资源管理在高校中的应用较为模式化

现如今，各个高校所采用的人力资源管理模式都是较为模式化的。高校在引进人才的过程中，未能严格地规划高校对人才的需求；在进行教师审核的过程中也较为敷衍，不能够吸引真正能够为高校带来效益的教师。除此之外，高校人力资源管理中绩效评价模式也较为传统，符合现在社会对绩效评价的要求，这种绩效模式对人力资源管理产生的整体效益是较为可观的。教师对绩效评价的不满意很容易影响教师在教学过程中的心情，进而影响教学效率，这对于学生的学习效率是不利的，同时也不利于高校的长期发展。

三、新时期下高校人力资源管理模式的完善计划

（一）加深高校对人力资源管理模式的了解程度

高校对于人力资源管理模式认知的提高，对于高校管理水平的提高具有重要的意义。高校在进行人力资源管理的过程中不仅仅要注重教师的物质需求，更要注重教师的精神需求。高校应该在建立人力资源管理模式的过程中更加注重精神激励制度的建立，可以从教学环境、办公环境和教学方式等方面为教师提供便捷，使得教师能够拥有一个良好的精神面貌和愉悦的心情工作，这样能够大大地提高教师的教学效率，人力资源管理的效率也会在一定程度上得到提升。这对于人力资源管理在高校中的发展具有积极的影响作用。

（二）选取恰当的高校人才培训管理方式

在进行人才培训管理的过程中，高校选取恰当的人才培训管理制度是非常重要的。正确的人才培训管理方式对于人才综合素质的提高具有重要的影响作用。在进行人才培训管理模式的选取时，高校不能仅仅采用较为先进的人才培训管理模式，更重要的是要结合高校自身拥有人才的特点，选择适合自己的人才培训管理模式，这样才能够确保人才培训模式为高校管理带来效益。除此之外，人才培训的内容也很重要。在选取人才培训内容的过程中，应该尽量选取较为先进的相关知识，这样才能保证教师接触到最新的知识，从而结合自己的学生的特点，建立适合自己的教学方式，大大提高教学效率，同时提高学生的学习效率。

（三）将人力资源管理模式进行完善

改革现有的人力资源模式对于现在的高校是很有意义的。在改革的过程中，最重要的是高校要结合自己学校教师的特色，创建适合自己学校的高校教师绩效考核制度。较为落后的教师绩效考核制度会使得教学效率、管理效率等产生一定的滞后性，这种滞后性对于高校在社会中的发展具有消极作用。将较为先进的教师绩效考核制度应用到高校

的人力资源管理的过程中能够缓解这种滞后性。这种滞后性的缓和能够为教师绩效考核制度的建立带来新的发展前景。好的教师绩效考核模式不仅仅能够帮助高校稳定地发展，更重要的是能够提高教师的工作积极性，进而提高了教师的教学效率，这对于教育事业的发展具有积极的影响作用。除此之外，高校在进行人才吸收的过程中应该严格按照自己的需求进行招聘，这样才能够保证教师质量。

在新时期，人力资源的发展随着社会制度的改革和进步不断地发展，高校的管理水平也相应地在增加。在这种情况下，高校怎样才能够稳定地发展成了现如今高校较为关注的焦点。随着知识技术的提升，越来越多的管理知识已经能够被运用到人力资源管理的过程中。然而，管理模式的发展并不能保证管理水平的提高，有了好的管理模式也必须有高质量的人才，因此，人才的吸收对于高校来说也非常重要。现如今，高校的人力资源管理模式有了一定的进步，这提高了高校自身的竞争力，也能够帮助高校吸收高质量的人才，并且能够促使高校建立健全自身的管理模式。然而，现在的人力资源管理模式推广还面临着知识浅薄、培养方式不恰当和人力资源管理模式较为落后等问题。高校应该通过分析这些问题，积极地采取应对措施，这样才能够提高高校的管理水平，让高校人力资源管理的效益最大化。

第二节　高校教师人力资源管理模式的创新

高校教师是培养专门人才、研究高深学问的主体，是推动高等教育发展的主要动力。高校教师人力资源管理是高校发展的重要工作。本节在分析高校教师人力资源特性的基础上，针对当前我国高校教师人力资源管理模式存在的，诸如管理理念滞后、管理制度不科学规范、激励措施不恰当等方面的问题，在高校教师人力资源管理观念、管理制度和激励机制建设方面提出了相应的举措。

在知识经济高速发展的时代，具有创新精神的人才已经成为推动国家发展的重要动力。高校作为培育该类人才的重要摇篮，需要不断提升人力资源的培养质量。创新人力资源管理模式、完善人力资源管理制度是提升高校核心竞争力的有效途径。当前我国的高校教师人力资源管理还存在着诸多问题，在一定程度上约束了高校的整体发展，高校教师人力资源管理模式亟待创新。

一、高校教师人力资源的特性分析

高校是智力型人力资源集中的场所。高校教师人力资源是指具有体力劳动能力和智力的特殊的人力资源，具有推动高等教育事业发展、培养社会专业人才的重要作用。在高校教师人力资源管理中，只有掌握高校教师人力资源所具有的特性，才能对高校教师人力资源管理进行科学合理的开发与管理。

（一）高校教师具有追求公平与尊重的特性

公平是对教师最大的尊重，也是对教师劳动最高的认可。在物质上，教师的劳动应该得到相应的回报。教师投入同样的精力进行教学与科研，如果所得物质报酬与尊重认可不等同，教师则会缺少工作热情，影响学生培养质量，降低了学术研究水平。与物质相比，高层次教师更注重精神上的满足，追求的是自我价值的实现，关注的是被社会认可和受尊重的程度。因此，在高校教师人力资源管理中，要建立公平合理的激励机制，有效激励教师潜力的最大化。

（二）高校教师具有强烈的主观能动性

由于高校教师的结构层次较高，他们在工作上有更多的选择条件和机会，存在着更高层次的需求。他们具有较强的自我意识，比较追求自主性劳动，希望通过一种具有创造性和挑战性的工作来体现自己的存在价值。高校教师行为动力主要来源于个体的感觉需要，由于他们从事的是具有创新性的工作，工作中的成就感与外界的尊重对促进教师能力的提高具有重要作用。他们一般比较反感行政管理部门的过多干涉，具有较强的主观能动性。所以，在高校教师人力资源管理中，要充分尊重教师的自主性，行政部门应为教师做好服务工作。

（三）高校教师具有创新性

创新是人类发展的不竭动力，人力资源的创新能力是高校发展的源泉。高校教师具有教书育人与科学研究双重任务，在工作中要兼顾教学与科研相互促进；在教学上，会不断进取，勇于探索，进行一系列创造性的教学活动，以培养合格的大学生。在完成教学任务的同时，高校教师还要潜心进行学科领域中前沿理论的研究，更需要创新。教学和科研的创新须有机结合，以教学带动科研，以科研促进教学。高校教师人力资源管理应建立科学、规范的管理制度，鼓励广大教师进行教学和科研的创新性研究。

二、我国高校教师人力资源管理模式存在的主要问题

随着高校办学理念、人才培养和教育管理等方面的不断完善，高校教师人力资源管理水平也在不断进步，取得了一定的成绩与经验，但是在管理模式上的问题还比较突出，制约了教育质量和办学效能的提升。

（一）教师人力资源管理的观念相对滞后

我国的高校管理机构设置是计划经济体制时代的产物，高校现行的运行模式以行政化组织原则为导向，在高校管理模式中，行政权力居于中心地位。行政部门既负责管理性事

务，又过多主导学术性事务。从当前我国高校教师人力资源的管理现状来看，对教师人力资源管理的认识还不够科学，没有反映出"以人为本"的理念，在管理中还未脱离计划经济思想的束缚。在高校中，教学管理部门人员数量占高校总人数的比重较大，且受行政化主导影响。行政管理人员以管理者自居，而教师却处于被管理的境地。管理者本应该是为教师提供教学服务、解决其后顾之忧的角色，但在现实中完全没有体现出管理者的服务意识。同时，受"官本位"思想的影响，高校在人才引进、职称评定、激励制度等活动中仍以行政权力为主导，造成了具有重行政、轻学术特点的氛围，不利于教师成长与师资管理。

（二）高校教师人力资源管理的制度不够科学规范

在高校教师人力资源管理中，要全面、科学地设计招聘、培训、职务晋升等制度，为教师创造良好的成长环境。如果没有健康的制度做保障，则教师的发展很难达到最优化。目前，我国高校教师管理制度中的招聘、培训、职务晋升等方面都存在着制度缺陷。第一，招聘制度过于注重学历而轻视能力。很多高校在选聘人才时，将学历、毕业院校和科研成果作为主要条件，而对教师的职业道德修养、科学文化素养、教学水平等有所忽视。从长远来看，这对高校人力资源的协调发展不利。第二，在教师培训制度方面缺乏整体规划。目前，我国高校教师管理工作，往往重引进，轻培养；重拥有，轻激活；重使用，轻开发；重专业，轻技能与品德，严重影响了人力资源的利用效率，加剧了高层次人才的流失，是制约教师教学水平与科研能力提升的主要因素。由于很多高校对人才缺乏正确的认识，在招聘时开出优厚的条件吸引人才，但教师在入职后基本靠自我成长。教师入职后的岗前培训多以传统的集中学习教师相关法规的形式进行，满足了多数人在短时间内完成统一培训的需求，达到了培训规模和效益的最大化，却忽视了不同类型教师和不同年龄层次教师的多样化和个性化需求，制约了培训模式多元化的发展。同时，在教师自我成长过程中，其自发的个体培训需求多为功利性的培训，主要是为了满足高校在职称评定和职务晋升方面的规定，而不是以提高自身的教学与科研水平为出发点。第三，职务晋升制度重量而轻质。专业技术职务晋升是教师成长的主要平台。高校的一般做法是将个人业绩、教学工作量、教学研究成果和科研成果进行量化，以分数作为衡量的主要标准。这样就形成了教师为职称评审拼凑材料、累计分数等现象，不注重项目和论文的完成质量，不利于高校教师整体队伍建设。同时，许多高校在管理制度上"评聘不分""一聘定终身"的观念还占主导地位，教师的教学与科研都是以评定职称为目标，一旦职称晋级成功，教师就立即放松对自己的要求，特别是评上高级职称后，便认为一身轻松，不再追求教学与科研的进步与提升。

（三）高校教师人力资源管理的激励机制尚不健全

在当前的高校教师人力资源管理中，科学、规范的激励机制和绩效考核是促进教师不断进步的重要手段。由于现行高校教师人力资源管理工作缺乏行之有效的激励机制与绩效考核办法，导致了教师师德建设的落后和整体素质的降低。第一，在激励与评价目的上，过于注重结果的区分，而轻视了本身的促进意义。为激励教师不断加强自身教学水平与科研能力，高校采取各类评价来促进教师成长。但在实际操作中，常常会出现将评价作为目标，完全忽略对教师的教学能力与科研水平具有实质意义的内在价值评价，对教师的成长与发展造成功利性导向，使教师缺乏内在提升的动力。第二，在评价主体上，重外在评价、轻自我评价。我国高校教师评价与考核所采取的方法主要以外在评价为主，评价主体包括上级领导、教学专家、单位同行和所教学生等，还没有将教师自我评价纳入评价与考核体系中。在评价结果中，外在评价虽然较为客观、易取，但评价的目的不仅仅在于获得谁优谁劣的结果，根本目的是激发教师向更高层次提高。因此，在评价体系中，应将教师本人纳入评价主体中，将外在评价与自我评价有机结合，让教师对自身有合理的认识，以便为下一步成长明确方向。第三，在评价内容上重视科研能力，而忽视教学能力。在学校发展层面，高校将科研实力作为学校实力的主要指标。学校的声誉和资源主要由科研水平决定，高校评估与评价的指标体系也主要由科研成果组成，这致使各高校为了生存和发展，将学校建设的重点放在科研上，各类评优选先、职称晋级等管理制度将教师的科研能力置于首位。在这种制度导向下，教师个人将努力的方向定位于搞科研，而将教师本职的教书育人工作置于次要位置，特别是各个高校职称评审主要看教师的科研成果量化成绩，论文、课题与获奖在职称评审中占据决定性作用。教师受制度上重科研、轻教学导向的影响，不重视自己教学水平的提高。同时，受科研成果量化的影响，教师的科研成果也是重量轻质。教师为在职称评审中多得分而拼凑论文，没有达到以科研促教学、提高学术质量的目的，这也是与高校的使命不相符的。

三、创新高校教师人力资源管理模式的路径

（一）树立以人为本的高校教师人力资源管理观念

观念决定思路，思路决定行动。创新教师人力资源管理，创新观念要先行。首先，高校要树立以人为本、人才资源为第一资源的理念。高校在招聘人才时，不仅要受限于学历、毕业学校等条件，要打破常规去挖掘、选拔和培养人才。在培养人才的工作中，营造尊重知识、尊重创造的学术氛围，为教师提供发展的环境和空间。高校正确对待教师的长处与不足，尊重教师的个性特点，激发其发挥优势。第二，高校要树立人才协同创新观念。协同创新就是指要充分调动各方面的创新资源，以知识增值为核心，通过突破高校、企业、科研院所、政府、金融机构等多元创新主体各自的体系，使各主体之间协同互动，最大限度地开发智力资源。在教师协同创新体系中，可以将不同院校、科研院所、培训基地等调动起来，建立不同机构之间的考聘制、兼职制、特聘制等，打破人才只为所在单位所有的思想，提高人才的流动性。高校之间可以通过协同创新来提升广大教师的创新能力，使科学研究、人才培养、科研服务等各项事业得到协同发展。第三，高校要将行政主导转

变为以教师为中心的理念。过去的高校教师管理强调行政部门管理一线教师采用管理与被管理的模式，容易使教师产生消极抵触的情绪，对学校的改革措施只是执行，缺乏认同与参与感。新时期的教师管理工作不同于一般的行政管理，高校要以人才资源战略指导教师人力资源管理。行政部门要为一线教师提供服务与保障，而不是下达命令要教师执行，要让教师完全发挥其教学、科研的优势，将主要精力投入到教书育人、科学研究的工作中。

（二）建立科学规范的高校人力资源管理制度

第一，教师人力资源规划要以大学发展战略为基础，根据大学长期发展战略，科学地预测和分析高校在未来一定时期内的教师供给与需求状况，从而制订相应的教师招聘计划、教师开发计划、工资福利规划、职业发展规划等，以保证学校在适当的时间和在一定的岗位获得所需人才的数量与质量。第二，强化教师岗位规范建设。岗位规范建设包括岗位分析和岗位评价两项主要工作。岗位分析是对岗位构成要素进行研究和界定工作的，内容包括岗位描述和岗位任职条件两个方面。教师岗位分析工作的重点是建立教师岗位胜任素质模型，包括专业知识、专业技能和心理素质等要求。岗位评价就是要根据不同教师岗位的岗位职责、任职条件和岗位特征等因素，对大学所有教师岗位的相对价值进行分析和判断，以作为岗位薪酬体系的基础。教师岗位规范建设是高校教师人力资源管理的基础工作，是高校教师打破身份管理、建立岗位管理的最基本任务。第三，建立科学、合理的人力资源招聘制度。这一制度包括招募、选拔、录用、招聘评估等。所有环节都要引入现代人力资源管理的理念和方法。其中，选拔是主要的、关键的一环。教师选拔包括履历表初选、面试、笔试、心理测评等主要选拔方式。高校必须引入教师全员岗位聘任制度，高校的人力资源管理者必须掌握现代招聘理念和招聘技巧。第四，建立科学、合理的教师人力资源培训开发制度，包括培训需求评估、培训计划制订、培训计划执行、培训效果评估等。所有过程都要贯彻现代培训理念和方法。同时，高校还要建立完善的教师个人职业生涯规划制度，要在研究大学特点和学者成长规律的基础上建立个性化的教师职业开发制度。

（三）健全高校教师人力资源管理考核和激励机制

第一，建立科学的教师人力资源绩效考核机制。在考核内容上，高校教师绩效考核要遵循高校教师知识工作的特点，以工作质量为核心，兼顾工作量、工作能力、工作方法等方面的考核。在考核方法上，要坚持学术计量和同行评价相结合的原则。在考核程序上，要依照公正性、规范性和科学性原则，坚持自我考评、上级考评、同行考评等环节，在教学上，还要加进学生评教环节。教师绩效考核的结果要与教师年薪挂钩、与教师职业生涯发展挂钩。第二，完善教师薪酬体系，建立科学、合理的教师激励机制。高校要在科学的岗位评价基础上建立合理的岗位工资制度，在教师能力评价基础上建立合理的技能工资制度，在科学绩效考核基础上建立合理的绩效工资制度，由此进一步完善教师岗位技能绩效工资制度，并在岗位技能绩效工资制度基础上探讨实行教师年薪制。在完善物质激励的同时还要探讨其他激励制度，如荣誉激励、晋升激励、培训激励和环境激励等。

总之，高校要用创新的思想理念、科学规范的管理制度、公平合理的激励机制来开展教师人力资源管理工作，正视当前高校教师管理工作存在的种种问题，以全新的理念与方法开发教师资源、组建师资队伍，充分发挥高校人才资源的效益。

第三节　高校图书馆人力资源管理模式

从国内多数高校图书馆管理现状来看，人力资源管理均是一个弱项。在具体工作中，高校应当积极探索人力资源管理模式，这是现代高校图书馆事业可持续发展的必然要求和主流趋势。

一、高校图书馆人力资源内涵及其利用目标分析

人力资源这一概念，由诺贝尔经济学获奖者舒尔茨最早对其进行定义。在他看来，人力资源至少包含了三个层面的内容。第一，表现为人的素质和能力；第二，人力资源是对人力投资以后，形成的资本；第三，人力资源的优劣，表现为人力所有者，即劳动者的收入情况。依据舒尔茨对人力资源进行的定义，就现代高校图书馆来讲，人力资源应当包含两个方面的内容。从静态层面来看，高校图书馆人力资源是指馆员所具备的、完成本职工作所具备的能力、技能等，同时也是图书馆管理人员的本领、知识以及技能和其他方面相关能力的结合，是通过对人力的深入挖掘和开发，形成具有经济价值的人力资源存量。从动态层面来看，高校图书馆人力资源，实际上就是图书馆馆员在具体工作中是否能够有效地发挥自己的能力和业务水平，能否不遗余力地为高校图书馆努力工作，对高校人力资源进行利用而得到价值的创造过程。图书馆人力资源应该是静态和动态两个方面的完整结合。

对于具有良好人力资源特质的高校图书管理人员而言，需要对个体进行有效管控，这样才能完成预定的管理工作任务。基于此，在现代高校图书馆人力资源管理过程中，应当制定管理目标。较之于传统模式下的高校人力资源管理而言，该种模式有所不同，尤其在当今知识经济时代背景下，图书馆人力资源管理模式不再是传统的、机械的、近乎呆板的规章制度，而是转变成注重技术、知识交流，有效挖掘和激发人的主观能动性，以培育、发展有潜力的人才为宗旨的现代化管理模式。在当前的形势下，高校应当立足实际，根据高校图书馆人力资源现状、内涵要求，将人力资源开发、利用的目标界定为"坚持人本"，旨在培养高校图书管理人员人力资本价值，将工作的重点放在提高高校图书管理人员的综合素质和业务技能上。以开发、利用高校图书馆管理人员的潜在价值为核心，

激发他们的工作积极性和潜能,最终实现图书管理人员更大的社会价值以及图书馆的本身价值和拓展价值,这是现代高校图书馆人力资源管理工作的最终目的和必经之路。

二、高校图书馆人力资源管理问题分析

近年来,随着教育教学体制改革的不断深化,虽然高校图书馆整体管理模式有所创新和改进,管理水平有所提高,但是人力资源管理工作依然延续着传统的管理理念和模式,因此很多问题是不可避免的,主要表现在以下几个方面:

(一)高校图书馆管理工作的被动性

由于高校图书馆工作人员不从事教学工作,与学生的直接交流较少,难以获取关于学生需求的最有效、最直接、最及时的信息。长期如此,图书馆工作人员的科研能力会有一定程度的下降,其学术综合水平会因脱离教学前沿而退步,由此导致目前管理人员产生不同程度的自卑感,工作热情和积极性严重受挫。在该种情况下,图书馆工作人员烦冗,虽然经过长期工作实践能力较强,但是难以实现学术科研水平的提升,严重影响着人力资源科学化管理,各项工作处于被动状态。

(二)工作人员自身的懒惰性

对于大部分现役的高校图书馆工作人员而言,他们所学的专业与图书馆工作往往不对口,加之缺乏有效的激励机制,以致部分高校的图书馆工作人员缺乏工作热情和积极性,更谈不上创新,表现出一定的惰性。比如,有些图书馆工作人员只是按时上班、到点下班而已,很少与学生交流,没有自主创新意识;同时,还有一部分人在工作中多动嘴、少动手,基本上不动心,这是工作人员自身惰性的表现。

三、加强高校图书馆人力资源管理的有效策略

基于以上对当前高校图书馆人力资源管理过程中存在的问题分析,笔者认为要想通过加强人力资源管理,提升高校图书馆管理水平和服务水平,可从以下几个方面着手:

(一)引入用人竞争机制和激励机制

在高校图书馆人力资源管理过程中,要想有效激发图书馆工作人员的积极性和潜能,就必须引入用人竞争机制和激励机制。在制定和实施激励机制过程中,应当尽可能满足图书馆工作人员的需求,以此来调动他们的积极性;同时,还要引入竞争机制,这也是一种非常有效的方法。在实践中,应当激发图书馆工作人员的竞争意识,通过该种方式来有效地提高图书馆工作人员的工作效率。在具体实践中,可采用自由选择和组合模式,也可采用双方相互选择和任务承包等模式。作为高校图书馆文献资源的另一个宝贵资源,

人力资源状况直接决定着信息资源的保存与开发。通过引入用人竞争和激励机制，可以激发图书馆工作人员的积极性和热情，使得他们能够更好地服务于师生。

（二）建立和完善科学的人才管理和培训制度

高校图书馆工作内容非常复杂，新的图书馆工作人员可能无法在短时期内全面掌握工作流程，因此根据实际情况建立人才培训制度势在必行。在实践中，应当以可持续发展理论为指导，精心选择培训内容，在节约成本的基础上快速缩短新图书馆工作人员的培训时间和上岗时间。同时，高校图书馆一定要创新人才培训模式，选择不同的方式和方法供工作人员选择，以满足工作人员的差异性需求。在此过程中，图书馆管理者，应当积极调动工作人员的工作积极性和主动性，只有这样才能确保图书馆可持续发展。在实践中，应当积极引导工作人员不断更新学习理念，树立终身学习思想，不断提高自己的学习意识和能力。同时，高校图书馆还要通过不同的方式，加强思想政治教育和职业道德教育，从而使工作人员能够从思想上真正地理解和认识个人工作的重要性。在此过程中，高校图书馆还要积极提倡以工作人员为核心的管理思想，进行民主化管理，让工作人员参与意见的筛选，参与决策的制定，参与重大问题的讨论，从而使图书馆的决策更加合理化、规范化和科学化。同时，高校图书馆还要不断加强对人力资源的继续教育。对于高校图书馆而言，需要不断积累人力资源，提高工作人员的业务素质、工作效率，同时还要强化人力资源在现代高校图书馆管理中的作用，使图书馆能够更好地适应内部和外部环境的变化，更好地开发与利用图书馆人力资源。对此，一个非常重要的途径和有效的解决手段是为图书馆管理人员提供形式多样化的继续受教育的机会，制订高效的人力资源开发、利用战略规划，并且将长期培训和短期进修有机地结合在一起，将学历教育与业务学习结合起来，将系统学习与专题学习结合起来，通过中长期循序渐进的培训与学习，不断提升高校图书馆工作人员的学术水平，加之其长期以来积累的实践能力，从而使高校图书馆人力资源的建设呈现出有序的发展。

（三）构建科学的高校人力资源管理评估体系

首先，应当让广大读者满意。让广大读者对高校图书馆的环境条件、阅览室设置和馆藏文献质量等进行评价，同时还要求他们对书籍摆放、照明、服务态度等进行评价，以此来提高高校图书馆工作人员的工作质量，激发工作人员的工作热情和积极性。其次，高校图书馆工作人员的个人满意度评价。对于高校图书馆而言，应当为广大工作人员提供良好的工作环境条件，尤其是工资、福利以及职业规划和培训等，图书馆管理者应当对这些加强重视。最后，对高校图书馆工作人员的工作情况进行科学合理的评价。评价内容主要包括权威性、准确性、客观性和新颖性。与此同时，高校图书馆还要建立反馈机制，通过意见箱、QQ群以及网络论坛等方式，广泛收集问题，并且定期举办座谈会，主动获取工作人员对图书馆的要求，通过对工作人员的工作进行科学、合理的评价，明确赏罚制度，对于表现优异、积极进取的员工一定要给予奖励；对于表现不好的员工要及时进行沟通，做好善后处理工作。

在当前知识经济时代背景下，高校图书馆面临着前所未有的挑战和发展机遇。人力资源管理工作，对于高校图书馆而言具有战略性意义。人力资源作为高校图书馆的重要资源和财富，通过不断加强高校图书馆人力资源管理，优化和创新管理理念、方法，引进有效的竞争机制，建立完善的图书馆工作人员评价系统，并且重视对工作人员进行适时激励，充分调动工作人员的工作、科研的积极性，可有效促进高校图书馆建设事业的可持续发展。

第四节　高校后勤人力资源管理的激励模式

高校后勤企业因长期受传统人事管理制度的影响，一直以来缺乏一套行之有效的人力资源激励模式，从而导致岗位设置不科学、机构臃肿、工作效率低下。本节在认真分析高校后勤人力资源管理的特点及其发展现状的基础上，结合国外先进国家公共事业组织的激励经验，提出了加快体制改革、树立人本思想、完善绩效考核、改进工资制度、强调事业激励等方案，以期使高校后勤服务跟上高校快速发展的步伐。

高校后勤企业作为高校的二级直属单位，因为历史延续问题，一直以来接受学校党政的领导，没有市场竞争意识，仅仅满足于做完自己的本职工作，满足于过去所取得的成绩，只局限于在办公室想问题、做决策，忽略了下基层调研、掌握第一手资料对解决问题的重要性。因此，在没有一套行之有效的人力资源管理模式下，各种效率低下、机构臃肿、人浮于事的现象交替出现，直接影响了高校后勤企业的发展。笔者拟在本节中对如何构建高校后勤企业激励机制进行了探讨。

一、高校后勤企业人力资源管理的特点及其发展现状

（一）高校后勤企业人力资源管理的特点

高校后勤企业不同程度地负有管理育人和服务育人的双重责任。与社会行业管理有明显的不同，高校后勤企业必须遵循教育规律，坚持姓"教"的原则，其人力资源管理的合理开发利用与优化配置都必须考虑教育的属性。因此，高校后勤企业人力资源管理应遵循教育规律，采用科学的方法，对员工进行合理的培训、组织和调配；同时对后勤员工的思想、心理和行为进行恰当诱导控制和协调，充分发挥好激励机制的作用，使人尽其才、事得其人、人事相宜，以便更好地服务高校师生。

（二）高校后勤人力资源管理的发展现状

高校后勤企业是在原有高校自办后勤的基础上规范分离出来的，虽说在高校后勤中不乏人才，但高校后勤企业在整体上仍然存在素质偏低的状况。在传统的后勤管理体制影响

下,计划经济的模式在一些人头脑中根深蒂固,传统观念与看法成为思维定式,与当前市场经济运作模式不相适应。高校后勤企业薪资分配上的平均主义、吃大锅饭现象仍然存在,掩盖了后勤员工在劳动能力和贡献大小方面的差别,导致后勤员工员工的工作积极性难以被调动。另外,后勤队伍的年龄结构、知识结构和工种结构也不合理,普遍存在着文化素质较低、观念更新不足、技术水平不高、服务意识淡薄、管理能力不强的问题,特别是缺少创业发展的经历和市场竞争的锤炼。

二、国外解决公务员激励问题经验的可取之处

激励理论一直以来是国内外人力资源管理学者研究的重点。早在 20 世纪 20 年代至 30 年代美国学者马斯洛就提出了需要层次论,之后赫兹伯格的双因素理论、弗洛姆的期望理论、班杜拉的强化论等为人力资源管理领域内的激励理论奠定了扎实的基础。理论上的提前性和法制上的健全性构筑了西方国家激励研究的超前地位,其激励机制无论是理论的深度性还是解决问题的实践性,都值得我们学习和借鉴。

以美国为代表的"功绩制"是西方国家激励机制的核心。在美国,考绩分为平时考勤和年终考绩。年终考绩制度,要求员工参与工作标准制定,管理者在评定下属时应与本人及时沟通,考核结果由主管人员通知本人。本人对考核结果不服的可向考绩委员会或法定的复审委员会提出申诉。年终考绩表列出工作数量、工作质量和工作适应能力三方面的指标项目逐项考评,结果分为三等:一等优异,二等满意,三等不满意。考核成绩与奖惩、加薪及晋级直接挂钩,一等加薪一级、提前晋升,二等仅加薪一级,三等处以减薪、降级、免职等处分。

受美国"功绩制"的广泛影响,其他西方国家总体上也遵循能力至上的原则,以考核为主体开展各项激励措施,只是在激励方法上,各国侧重点不同,各有特色。

德国的"双元制"是职业培训成功典例。德国在理论培训内容方面主要有行政管理法、公共经济学、企业经济学、组织信息处理和社会学等,尤其重视法律、法规课程。在实践培训方面,由于特别重视实践经验,在联邦公共管理学院为期三十六个月的公务员培训项目中实习就占十八个月,第一阶段(六个月)安排在联邦管理局,第二阶段(十二个月)分别安排在联邦机构、州和地方机构。联邦政府还专门设有一些综合培训机构,有针对性地负责进入中等职务层次、较高职务层次和高级职务层次公务员的培训,避免了大统一式的培训,杜绝只重数量、不重质量现象的发生。

日本公务员晋升除考试晋升和考核晋升两种方式外,还开创性地制定了"登用(即破格)晋升制度",规定:没有经过公务员高级录用考试的人员,只要工作成绩特别优异、能力特别强,就可由三人推荐作为晋升候选人员,经过由机关人事部门负责人和部分高级公务员组成的登用委员会审核同意,就可以取得相当于高级考试合格者待遇和提升职务。与之作为辅助的日本公务员采用定期晋升制,通常是四年晋升一次,在两次晋升之间,至

少给公务员调动一次岗位，每年调动的人员占机关总人数的三分之一左右。

借鉴一些国家的激励经验，结合高校后勤企业实际，为更好地发挥服务育人的后勤保障作用，建立合理的企业激励模式势在必行。

三、构建高校后勤企业激励模式

（一）转变观念，树立"以人为本"的管理思想

在当今社会大谈"以人为本"的管理思想下，从观念上摆脱传统人事管理束缚势在必行。人力资源作为一种稀缺性资源是可以最大限度开发利用的，我们要深刻认识到人力资源不仅是自然资源，更重要的是一种资本性资源。高校后勤企业将人力资源管理理念引入组织管理中，树立"以人为本"的管理思想，在现实人性的假设基础上，针对员工不同层次的需要，以正面的自然激励为主，采取人性化激励，充分发掘人的潜力，努力做到适才适用。例如，根据员工的学习需求，单位可以按照缺什么补什么，需要什么学什么的原则，采用案例教学、情景模拟教学等灵活多样、有利于激发员工学习兴趣的培训方法，有针对性地为员工提供学习教育机会，加强员工文化素质和专业技能的培训，使其掌握新知识、新技能，从而重新认识自我，激发工作热情，提高工作效率。

（二）完善评价机制，建立科学的绩效考核制度

高校后勤企业的绩效考核应采取平时考核与年度考核相结合，内部考核与外部考核相结合的方法。一方面，加大平时的考核力度，如月考核、季度考核和半年考核等，为年度考核积累资料，提供依据。年度考核则以平时考核为基础，与年终量化测评结果相结合，进行综合评价，确定考核等次。另一方面，根据组织性质和不同岗位，建立上级对下级、同级之间、下级对上级、服务对象对员工的分类测评体系，积极探索外部考核的方法与途径，扩大外部考核层次，通过设立监督电话、组织问卷调查、回访服务对象等形式，依据服务对象的服务满意度，重点考核员工依章办事、服务水平和工作效率等情况。

考核要以能力和业绩为导向，以品德和知识等要素为辅助，注意研究不同层次、不同对象的考核标准，运用量化指标对员工的德、能、勤、绩等进行全面的分析测量，对工作成效显著的员工在绩效得分部分可上不封顶，根据德才兼备的要求，坚持群众路线，注重实践检验。

考核后，根据绩效考核结果进行奖惩激励，把绩效作为业绩评定、奖励惩处和选拔任用的重要依据。高校后勤企业可以通过对工作成绩优秀的员工实行奖励，对工作有过失、有违纪行为的员工进行处罚，激发员工的工作积极性、主动性，促进员工以强烈的工作热情、开拓创新的意识投入工作。比如，年度考核结果评为优秀的，可给予一定的物质奖励；连续两年优秀的，可适当放宽职务晋升资格条件；连续三年优秀的，可在本职务对应级别内晋升一级工资或给予一次性奖励等。

（三）注重薪酬激励，形成相对长效、稳定的工资管理制度

人力资源管理把薪酬分为工资、奖金和福利。在我国由于温饱问题刚刚解决,社会主义初级阶段的现象决定了薪资作为保健因素仍然发挥着主要的激励作用。因此,在国家实行统一的薪资政策、薪资制度和薪资标准的前提下,高校后勤企业可结合实际情况制订出具体灵活的实施方案,发挥薪资的调节性;在薪资制度中引进利益原则,重视物质利益的重大激励作用,承认个人利益的合理性,把公共利益融于员工的个人利益中,在实现个人私利的同时实现公共利益;将薪资收入与绩效挂钩,在一定程度上体现劳动的差别,也可以对每一级薪资设定一个浮动的范围,在此范围内根据员工的工作表现,决定其收入。高校后勤企业应设定一个基本点,员工如果能够完成任务,就领取原定的薪资;不能完成任务,就相应扣除一定比例的工资;超额完成任务,就在领取原定工资的基础上获得奖励工资。同时,高校后勤企业应适当拉大级别工资的差距,拉开管理层与非管理层的薪资差距,对一些岗位尝试实行考核薪资制度等。

(四)强调事业激励,组建奋发向上的活力型团队

激励模式的关键一环是从事业角度出发,根据员工的爱好及特长优先分配工作,使其扬长避短,实现个人效率最大化,为组织效率最大化奠定基础。然后,实行工作丰富化,开展轮岗、交流,使员工在组织中培养多方面的工作能力,提高对工作的兴趣,激发创造力,在工作中学习、吸收新技巧,随组织的成长而成长。在工作过程中,提倡一种积极上进的文化氛围,营造一种"支持肯干、批评混事、处理捣蛋、惩处腐败"的氛围,杜绝"一人干,两人看,三人做评判"的不良风气。与此同时,允许员工参加与切身有关的计划和决策的研究,以表示尊重,建立一种人人欲为之效力的组织结构,使组织成员的个人愿景整合成组织的共同愿景,把员工心中真正的渴望、对未来的向往和追求转化成对组织的信赖与支持,将其职业生涯与组织长远发展紧密结合,对员工所取得的成绩给予充分肯定,如公开表扬等。唯有如此,员工才能感受到企业的认同,从"搭便车"转为"风雨同舟",真正融入企业。

第五节　高校人力资源管理的教师绩效考核模式

教师绩效考核一方面为高校人力资源管理活动提供直接的参考价值,由此制定出科学、合理的管理制度和激励措施;另一方面,也对教师日常教学行为发挥着重要的监督作用,从而激发其创新教学方法与教学模式、提升教学质量的积极性与主动性。基于此,在系统总结当前教师绩效考核重要价值以及所存在问题的基础上,建构起一套系统的绩效考核模式,从而为当前高校人力资源管理活动提供必要的参考依据。

教师作为促进学校发展和培养学生成才的核心力量,是学校教学与管理最关键、最核心、最根本和最活跃的因素,直接决定着学校整体的人才培养质量和培养效率,最终影响学校的生存与可持续发展。因此,建构起一套系统、高效的教师绩效考核模式,是高校日

常管理活动所必须完成的一项工作。

一、教师绩效考核的核心价值

（一）为人力资源管理活动提供重要参考

从教师管理的角度来说，高校人力资源管理活动涉及教师的晋升、调职、解聘、工资等级、奖惩措施、潜能开发和教育培训等诸多方面的内容，既有制度设定方面的，也有具体的制度执行方面的，与教师切身利益息息相关。而这些活动都是在对教师日常工作绩效考核结果的基础之上展开的，包括教学质量、科研水平和职业道德情况等，由此才能确保人力资源各项制度和管理活动的科学性和合理性，尤其是公平性和公正性。

（二）激发教师的工作积极性

从某种程度上来说，缺乏监督与绩效考核的工作往往容易造成放任自流的结果。学校制定出系统、严格的教师绩效考核模式，并由此设定具体的奖惩措施，既为广大教师提供了明确的行为标准和工作目标，也是对教师日常教学与科研活动的一种监督。这使他们能够按照学校的规定来严格要求自己的言行，并努力完成学校规定的教学与科研等任务，从而大大提高工作质量和工作效率。这是建构科学、合理的教师绩效考核模式所呈现出的另外一个重要作用。

（三）指导教务部门的日常工作

建构起一套系统的教师绩效考核模式，提高对教师教学与科研考核的质量，一方面使学校教务部门能够判定学校的教学目标、教学任务的实现状况；另一方面，也能够及时发现人才培养过程中存在的各种问题，包括教学方法、教学内容和教学模式的选择和使用是否合理等。据此，或者是调整学校的人才培养策略，改进教学措施，有针对性地解决教学中存在的各种问题；或者是加强对教师的指导教育活动，甚至是制定严格的奖惩措施等，由此解决教学中存在的问题，提升教学质量与教学效率。

二、当前高校教师绩效考核存在的问题

通过广泛的资料搜集与分析可以看出，当前虽然各个高校都展开了各种形式的教师绩效考核活动，但实际效果并不理想，尚未真正发挥其应有的功能价值。具体来说，当前高校教师绩效考核主要存在以下几个方面的问题：

（一）考核指标不科学

教师绩效考核活动是指对一系列指标进行评估，由此形成对特定教师的整体认识。当前，很多高校教师绩效考核的指标存在设计不科学的问题。一是绩效考核的指标无法反映

特定教师主要的工作内容。例如，侧重于课堂教学的考核，而不太顾及课外实践教学的考核；注重教师教学活动的考核，而不重视行政事务方面内容的考核；偏重于学生的评价，缺乏同事、领导的评价；偏重于业务考核，而缺少对于教师职业道德等的考虑。这些都无法对特定教师形成一个全面的认识。二是绩效考核指标缺乏可靠操作性，或者因为考核指标不明确、不具体，导致考核者不了解考核指标的核心内涵，甚至出现处理理解偏差的问题，无法做出精确的评定；或者是考核内容太复杂，造成统计结果模糊等问题。

（二）考核内容缺乏针对性

众所周知，按照不同的标准也可以将高校教师分为不同的类别。例如，按等级可以分为助教、讲师、副教授与教授；按照岗位可以分为理论课教师、实践课教师、实验课教师和行政管理教师，甚至是身兼多职的教师等；按照性质可以划分为教学型教师和科研型教师等，由此表现出不同的工作内容、工作标准和工作要求。然而，实际考核过程却表现出明显的"一刀切"的问题，缺乏对教师具体身份特征的考核，而是采用统一化的考核标准对所有教师进行相关的考核活动，并采用一致的奖惩措施，对其加以奖惩。这表面上看起来维护了教师绩效考核活动的公平性与公正性，实则带来了考核过程与奖惩方式不公平的结果。

（三）考核过程不严格

在实施具体考核过程中，各个考核主体是否能够认真对待考核工作，直接决定着最终的教师绩效考核的精确性，是实施绩效考核活动应当注意的一个重要问题。然而，在资料搜集过程中发现，很多高校在实施教师绩效考核过程中存在考核过程不严格的问题。一部分考核者认识不到教师绩效考核的重要性，由于情感因素而做出不负责任的评价，这直接造成高校教师绩效考核流于形式，失去了其应有的功能价值和意义，既无法辅助人力资源部门、教务部门和科研部门做出正确的工作决策，而且还造成了资源浪费的问题，甚至在教师间产生不公平、不平等的奖惩结果，由此影响到教师的工作积极性。这是当前高校教师绩效考核亟待解决的一项问题。

（四）考核结果奖惩失衡

高校实施教师绩效考核的目的之一便是督促、激励教师能够顺利地完成预期的工作任务，在此基础上所有的学校都制定了相应的考核结果奖惩措施，即对达到目标的人员进行一定的奖励，反之则给予相应的惩罚。然而，在实际操作过程中，明显存在着"奖惩失衡"的问题，突出表现为"奖不足而惩过大"。这直接造成教师的付出与收获不成比例，从而产生了"不求最好，但求合格"的心理，这虽然也在一定程度上促进了广大教师积极提升工作质量和工作效率，但对于学校整体发展形成了诸多不利因素，值得各个学校深思。

三、新型高校教师绩效考核模式的建构与实施

通过以上研究可以看出，目前高校教师绩效考核过程中主要存在指标体系不合理、考核内容缺乏针对性、考核过程不严格、考核结果奖惩失衡四个方面的问题。据此，笔者在广泛地资料搜集与分析的基础上，提出了以下教师绩效考核模式：

（一）建立专业的教师绩效考核队伍

教师绩效考核发挥着多方面的功能价值，是学校能够获得持续性发展的关键之处。据此，各个高校应提高对此方面工作的重视，建立一支专业的教师绩效考核队伍。一方面负责研究、制订并实施系统的教师绩效考核计划，保证考核结果的精确性；另一方面，则负责将考核结果发送给人事处、教务处、科研处等部门，发挥考核结果应有的功能价值。这是当前各个高校提高教师绩效考核质量首先需要解决的问题。

（二）建立兼具针对性与系统性的考核体系

具体的考核体系即是对各个教师实施考核的内容，直接决定着考核结果是否能够真实、全面地反映特定教师的真实情况，是整个教师绩效考核模式中最重要的内容之一。具体来说，该考核体系首先应当具备针对性的特征，即能够结合特定教师职称水平、身份角色、工作内容和工作性质方面的标准，科学处理各项考核内容的权重关系，建构起一套适合教师实际情况的考核指标体系，保证考核内容的针对性，避免"一刀切"的问题；其次，所制定出的个性化的教师绩效考核体系还必须具有系统性的特征，即综合考虑"德、能、勤、绩、廉"五项指标，不能出现缺失的问题。

（三）采用多种考核方式

为了提高考核结果的精确性，各个高校在建构起兼具针对性与系统性的考核体系之后，还应当采取多种形式的考核方式，由此分阶段、分角度地了解教师的日常教学与科研情况。具体来说，各个高校不应只是进行一次性的年度考核，而应进一步加大过程考核力度，将教职员工的日常考核、专项考核与年终考核有机结合起来，使平时考核与定期考核逐步走向经常化、规范化。例如，工作量情况采取定期和不定期检查、考评、登记等形式进行跟踪管理，期中、期末由考核小组审核填写意见并存档，作为年度考核的重要依据。另外，高校可加强教师的平时考核，为年度考核奠定良好的基础。

（四）建立对考核人员的教育培训与追责机制

考核人员作为对教师绩效进行考核的主体，其对于考核工作的重视程度直接决定着最终的考核质量，因此，各个高校的教师绩效考核模式必须包括对于考核人员的教育培训与追责机制。具体来说，在实施考核活动之前，一方面要对考核人员进行系统全面的教育

活动，使其明确考核工作的重要价值和重要意义，从心理上提高对考核工作的重视程度；另一方面，也要通过系统、严格的追责机制或者是奖惩机制，来提高考核人员对于考核工作的重视程度，尽量避免敷衍了事或者是碍于情感因素而做出不负责任的评价等。

（五）建构起系统的考核结果反馈体系

考核本身是一种手段，而不是目的。绩效考核的结果应该全面应用于指导教师的晋升、调职、解聘、工资等级、奖惩措施、潜能开发和教育培训等方面的工作。这样才能真正实现考核目的。基于此，在完成具体的教师绩效考核工作之后，考核小组还应当建构起一套系统的考核结果应用体系，将最终的考核结果及时反馈给各个部门，指导相关工作的开展。这是当前高校建构教师绩效考核体系需要重点关注的一项内容。

总体来说，教师绩效考核一方面能够为人力资源管理活动提供重要参考，并指导教务部门的日常工作；另一方面，也能够激发教师的工作积极性，这是高校日常管理活动的重要内容之一。各个高校应当提高对教师绩效考核工作重要价值和意义的认识，由此成立专门的教师绩效考核研究与执行小组，在建立兼具针对性与系统性的考核体系以及对考核人员的教育培训与追责机制的基础上，使用多种考核方式，实施考核活动，并通过系统的考核结果反馈体系将最终的考核结果反馈给相关部门，由此发挥考核体系应有的功能价值。

第六节　高校人事管理向人力资源管理模式的转变

当前我国高校的人事管理工作存在一定的不足，无法适应时代变化的客观需求，将人事管理工作向新形势下的人力资源管理模式进行转变，既是国家发展的需求又是市场的客观要求。因此，如何在当前的市场环境之下将人事管理工作进行转变是高校的管理人员应当考虑的问题。本节对当前人事管理和人力资源管理模式之间的差距进行了阐述，并就如何进行管理工作转变提出了建议。

包括高校在内的事业单位属于政府使用国有资金设立的社会服务组织，是借助国家资金进行管理运营的非盈利性组织。我国事业单位工作人员的养老模式由单位养老转变为社会养老，这是我国进行人事管理制度改革的重要一步。传统人事管理工作的局限性使得人事管理工作存在缺陷，不适于推进人才的进一步成长。因此，将当前事业单位的人事管理工作向人力资源管理模式进行转变是时代发展的需求。

一、人事管理工作和人力资源管理模式的区别

人力资源管理是指在市场经济环境之下，依照经济学思想和人才发展思想的指导，在工作中通过公开招聘、培训和薪资等管理手段来有效运用人力资源的模式，可以提升对工

作人员工作能力的运用效率，更适合于我国未来的经济发展和人才建设，保证了发展目标和经营手段的一致性。与人事管理工作相比，人力资源管理和企业经营发展方向更为一致，可以有效推进企业的发展，提升员工的工作积极性，实现组织的发展目标。下面对两种管理工作的差别进行介绍和分析。

（一）管理范围的差异

高校属于事业单位，但其岗位编制和一般企业存在一定的差异。事业单位的人事管理工作的特殊性较高，最为突出的一个特点就是在高校之中工作人员的流动性不强，工作岗位的结构和位置相对稳固，这一特征使得事业单位的人事管理工作的内容更为局限，管理倾向于日常工作内容和业务，缺乏对工作人员创新性和工作积极性的激发，使得事业单位工作人员的工作激情不足。当前，在高校之中，人事管理的主要工作内容包括编制管理、劳资管理、师资管理和职称管理等几部分，而企业的人力资源管理工作则是将员工积极性的管理和调动作为日常管理的重要内容，也是提升企业调动经营收益的重要手段。企业的人力资源管理工作除了要进行常规的薪资、岗位和培训管理之外，更为注重员工关系以及员工发展积极性的培养，在岗位调动上更为灵活，使得员工和企业之间形成较为紧密的联系，两者相互促进，共同推动企业的发展。

（二）管理工作重点的差异

事业单位的人事管理工作注重的是对当前工作的管理，其管理重点是当前经营内容是否完成，在管理中对于工作人员的工作质量没有进行管理和考虑。当前使用较多的人力资源管理的重点是经营内容和员工的表现和工作质量，注重对员工工作质量和能力进行管理协调，可以有效提升员工的工作积极性和工作质量，推进企业的建设经营质量。

（三）管理体制的差异

事业单位的人力管理工作机制较为僵化，在管理过程中注重遵守规章制度，针对管理中存在的问题无法制定合适的应变措施，管理上的被动使得其对于事业单位的经营以及工作人员的积极性没有推动作用。除此之外，部分人力管理人员注重按照上级的命令进行管理，存在许多不合理之处，影响了企业的正常发展。而结合现代市场经济环境的人力资源管理模式则在工作中注重对员工能力的开发与培养，在管理中采取了创新管理方式，在保证企业经营稳定的同时提升了员工的工作能力和对企业的满意度，实现了企业管理目的，推进了企业向既定目标的发展经营。

（四）激励机制的差异

传统事业单位所采用的人事管理工作制度缺乏激励机制，通常依赖物质奖励或是对员工的口头奖励来对其行为进行激励，员工工作岗位的调整和晋升一般是依赖工作进行决定，影响了员工的工作积极性。在管理过程中，人事管理工作制度不强调激励员工工作积极性，而是依赖从上到下的服从，在工作中要求员工服从领导指示，影响了员工的创新能力的培养。人力资源管理工作在管理中则强调以员工的能力培养和主观能动性培养为主要的工作重点，在管理上重视科学管理，提高了员工的工作效率，有效提升了企业的经营收益，推动了企业的战略发展和建设。

二、高校人事管理工作存在的问题

（一）管理模式固定

高校的人事管理工作的管理模式较为固定，工作时间和内容的固定使得管理人员无法应对突发情况。高校也属于我国的事业单位，其工作人员的流动性较小，教职工在固定环境中长期工作影响了自身能力的发展，也降低了管理工作的效率。

（二）管理理念较为落后

在高校的人事管理工作中，当前的市场经济发展和社会环境的变化对其发展的影响不足，管理人员对教职工的重要性认识不全面。管理理念的陈旧落后使得管理工作无法充分发挥教职工的能力，无法实现人事管理工作对高校工作质量的推进。高校的事业单位性质使其管理需要按照国家规定进行，这也造成高校人事管理人员长期按照规章制度进行，缺乏应变能力的现象，影响了管理工作的高质量进行。

（三）缺乏激励机制

当前高校的人事管理工作体制僵化，管理人员习惯于按照国家的发展规划进行管理，使管理工作无法针对工作人员的工作能力提升或是高质量的工作过程来给予奖励，影响了工作人员工作积极性的提升。同时，高校针对教职工的绩效奖励机制的执行效果不佳，无法对教职工的工作积极性起到推动作用。

三、高校人事管理向人力资源管理转变的措施

（一）转变管理观念

高校长期的人事管理工作使得管理人员的思想和工作内容较为单一，且管理工作缺乏创新性。要想实现高校由人事管理工作向人力资源管理模式转变，转变管理人员的工作理念是十分重要的。高校的教职工是实现高校发展目标，提升教学质量的重要保证，转变管理理念、提升管理工作对教职工的激励、实现人力资源管理模式是未来发展的需求。

（二）转变管理方式

转变管理方式要着重于对工作人员的管理，合理进行工作人员的招聘、培训和管理，

使得工作人员和岗位的适应性提升，推进高校教学质量的提升。针对工作人员的招聘，高校应当对需要的人才有一定的安排，掌握人才的实际用途和分配情况，借助先进的科学管理模式来推进高校教职工的能力，提升其和岗位的适应性。合理转变管理方式对于进行高校经营活动有很大的推动作用，使得教职工的岗位和工作地位得到了改善。

（三）完善激励制度

人力资源管理工作的重要工作内容就是通过合理的激励机制来提升员工的工作积极性，合理设计奖励可以有效推进员工工作能力的提升。如果高校人事管理工作缺乏激励机制，则教职工的工作积极性就得不到提升。因此，要想完成管理模式的转变，高校应当完善员工激励机制，提高教职工归属感。

事业单位的人事管理制度改革是我国在发展进程中的必要措施，是改良传统管理制度中存在的不足、优化事业单位发展的举措。在高校管理中进行人力资源管理模式的建设，能够有力地推进高校教学质量的提高，契合高校的未来发展需求。

第七节 大数据时代下高校人力资源管理的择优选择模式

大数据时代下，高校人力资源管理工作不仅是人与人之间的交流，更包含数据整理、分析、提取等工作模式。人力资源对数据信息的提取与应用，能够解决高校人力资源管理工作面临的问题，发挥人力资源管理工作的根本性作用，进而促进高校办学质量的提升。对此，本节着重分析大数据时代对高校人力资源管理的影响，提出大数据时代下高校人力资源管理创新路径。

人力资源管理是高校工作的重要组成部分，是高校教育教学顺利开展的支撑。在大数据能够为高校人力资源管理的改革、创新带来机遇。因此，本节研究大数据时代下高校人力资源管理的择优选择模式创新非常重要，不仅是人力资源管理工作创新的发展需要，更是高校办学质量提升的需要。

一、大数据时代对高校人力资源管理的影响

信息技术的快速发展，大数据时代的来临，为各行各业的发展注入了新的活力。大数据时代对高校人力资源管理提出了更高的要求，在给予高校提供发展路径的同时，也为人力资源管理工作开展带来一定的挑战。大数据具有较大的信息数据价值，不仅能够推动高校教育教学模式的创新，更能够促进高校人力资源管理的创新。一方面，高校人力资源管理模式，不仅限于人与人之间的信息交流形式，更多的是对人才信息资源的整合、分析、提取工作的创新。另一方面，拓宽人力资源管理面，在人力资源管理工作开展中，

借助大数据技术，推进部门与部门交流的及时性、便捷性，通过平台能够与人才在线交流，以及与领导在线发送人才信息资源，进而提升了人力资源工作质量。

二、大数据时代下高校人力资源管理创新路径

（一）创新人力资源规划

在人力资源管理工作中，高校可以借助大数据优势，对高校内部和外部的人力资源信息进行有效收集，掌握每一名教职工的数据信息。诸如，教职工的受教育程度、家庭状况、从业经验、实习信息、工作效率和个人授课能力等。高校以大数据优势开展人力资源管理工作，对教职工信息资源进行全面规划、建档，能够使校领导更好地了解教职工的个人信息，做到知人善用，进而有效地开展高校教育教学工作。此外，在人力资源管理工作开展中，高校应结合教职工发展目标、发展需求等，细化人力资源规划形式，构建系统化、全面性的人力资源档案信息库。在创新人力资源规划中，高校应借助大数据技术优势，构建人力资源大数据库，高校能够将高校所有内部和外部的工作人员信息进行收集、整合，构建个体档案资源，提升人力资源管理质量。通过构建大数据库，使人力资源管理工作更加科学化、系统性，提升人力资源管理人员工作效率。例如，在档案提供中，人力资源管理人员进入大数据库搜索相关资源，能够快速获取相关档案，提高人力资源管理人员的工作质量。

（二）创新教职工招聘工作模式

高校以大数据技术为导向，开展的人力资源管理工作模式，包含多个子系统数据集，而且每一个子系统集包含个体全部的信息，诸如工作情况、学习情况、生活情况等，这样就便于人力资源管理者获取相关信息资源。例如，在人力资源管理招聘中，人力资源管理者可以借助大数据系统获得相关个体的个体信息，立足于高校发展形势，聘请相关人员担任高校教职工。同时，在人力资源人才招聘中，人力资源管理者可以借助大数据平台开展人力资源招聘工作，依托于互联网平台传递招聘信息，吸引人才，通过投简历的形式开展招聘工作。在招聘工作中，人力资源管理者可以进入大数据平台，获取投简历人才的信息，借助大数据、云计算等技术，分析、提取信息，精准人才个人信息情况，以此更好地了解人才，进而提升人力资源管理效率。同时，人力资源管理者可以借助大数据平台开展人力资源招聘工作，以公平、平等的形式进行人才竞选，较受个体的信服，推进了高校人力资源管理品牌化建设。

（三）创新教职工培训工作形式

教职工职业生涯管理模式也是高校人力资源管理的重要组成部分，做好教职工职业生涯管理模式，能够发挥教职工个人潜力与能力，促进高校教育教学质量的提升。大数据时代下，人力资源管理不仅是要掌握教职工所有个人信息，更是要知晓教职工专业发

展形势和工作诉求等，为教职工个人发展提供平台，促进教职工专业化、职业化的培育。因此，在教职工职业发展历程中，人力资源管理应做好教职工培训工作，根据教职工发展诉求、专业需要，为教职工安排有效的培训工作，促进教职工能力的提升，进而促进人力资源管理工作质量的提升。与此同时，基于教职工工作的不同特点，一部分教职工无法参与到培训工作中，人力资源管理在培训工作开展时，要依靠互联网教育平台优势，依托于大数据技术特性，开展互联网培训工作，上传相关的培训工作任务、内容和信息等，让教职工利用课余时间开展学习，完成培训任务。

综上所述，良好的人力资源管理工作，不仅能够调动教职工的工作热情，更能够营造良好的工作氛围，提升高校教育教学质量，促进高校走可持续发展路径。在大数据背景下，高校应借助大数据优势开展人力资源管理工作，使人才信息更加精准化，做好知人善用的管理模式，发挥教职工根本教育效度，推进高校教育教学工作的有序开展。

第六章　新时期高校人力资源管理人才培养

第一节　人才体系建设对人力资源管理的影响

人才体系建设是人力资源管理的核心，现阶段很多企业、高校组织等在人力资源管理过程中缺乏明确的人才选拔和培养的思路和方法，对人才体系建设的重视不足，这不仅会影响组织自身的发展，也会制约人才整体水平的提升。

无论是企业组织还是高校组织，在组织建设过程中，都离不开人才这一核心要素，只有真正地关注人才体系建设和人力资源管理相关问题，才能够更好地发挥人才在组织中的作用。人才体系建设情况对人力资源管理有直接影响，人才体系建设不足也会制约人力资源管理，增加管理难度。

一、人才体系建设对人力资源管理的重要作用和影响

人才体系建设是人力资源管理的核心，只有构建完善的人才体系，才能够推动人力资源的改革和创新，形成以人为中心的管理模式，进而充分发挥人力资源的优势和作用，推动组织不断向前发展。可以说，人才体系建设直接关系着人力资源管理的成效。

（一）人才体系建设是优化人力资源管理的核心内容

人力资源管理是指针对人力资源进行合理调配，实现人尽其才，合理优化人才布局，达到组织效率的最大化。以高校为例，在人力资源管理过程中会涉及各类人员，但高校的主要工作在于教学和科研，因此应该将人力资源管理的主要精力放在这两个方面；特别是要通过教学和科研人才体系建设为高端人才教学和科研搭建平台，在促进个体发展的同时，也能够提升高校人才队伍的整体水平，优化高校人力资源管理体系。人才体系建设并不是高谈阔论，不能仅仅停留在口号层面，高校应根据自身实际，在充分尊重人才需求的基础上对现有的资源合理调配和利用，为人才体系建设创造有利条件。在人才体系建设过程中，高校还应该积极为人才营造良好的外部环境，注重人才的精神层面需求，构建更为和谐的人际关系，加强精神文明建设，通过多种活动有效地提升人才的团队意识，增强人才对组织的归属感和认同感，通过采取有效措施将人才培养与人力资源管理紧密结

合，发挥两者的相互促进作用。

（二）人才体系建设是深化人力资源结构的重要方式

当前许多组织在人力资源管理过程中主要是通过薪资待遇和社会福利等方式对人力资源进行管理。这种管理模式在一定程度上能够起到优化组织内部人力资源的作用，但其调整的幅度和深度不足，通常停留于人力资源管理的表层，很难深入到人力资源结构的深层次。而人才体系建设强调在薪资和福利待遇基础之上，建立更为有效的激励机制和差异薪资制度，借助有效的激励措施深化人力资源结构。人才体系建设在激励机制建设方面坚持绩效优先、兼顾公平的原则，结合组织管理的需要，将各岗位所需的能力与激励措施相结合，以更为完善的激励机制确保人才在职、责、利益层面的统一；同时在人才选拔上，既看重人才的具体工作成绩，也注重人才的德行考核，真正地做到能者上、庸者下；对于特殊人才给予一定的政策倾斜，使整个组织内部的人才结构更为合理，更好地激发人才的创造性、主动性和积极性，拓展组织内部的人力资源管理深度。

（三）人才体系建设是促进人力资源生态建设的基础

人力资源生态建设是人力资源管理的重要方向，有助于实现人力资源的合理开发和利用。人力资源生态建设过程中必须以人才体系建设作为基础，构建更为科学、合理的人才梯队，这样才能达到人力资源生态建设的标准。随着国家对人才体系建设重视程度的提高，人才流动政策也在不断放宽，行业间、区域间、地域间的人才流动更为频繁，按照一般规律，更优秀、更高端的人才会在资源和利益的驱动下在某一方面集中。与此同时，人才流失问题也随之而来，因此必须高度重视人力资源生态建设。在人力资源生态建设过程中，将人才体系建设作为重要基础，通过人才体系建设，对人才进行战略性开发，既注重组织内部的人才培养，同时也通过合理途径加速人才的合理流动，促进广大人才适应时代发展的需求，形成人才与社会发展的良性互动。

二、现阶段人才体系建设和人力资源管理存在的主要问题

当前很多组织并不缺少优秀的人才，但由于其人力资源管理手段单一，对人才体系建设重视程度不够，导致人才难以人尽其用。现以高校为例，对人才体系建设和人力资源管理中存在的问题进行说明。

高校是人才体系建设的重要主体，关乎人才的培养格局，其自身的人才体系构建和人力资源管理是非常重要的内容。现阶段，很多高校在人才体系建设方面还存在诸多不足。一方面，许多高校在人才队伍建设上投入的资源相对较少，在教学改革和科学研究方面缺乏系统的人才培养措施，很难通过人才体系建设获得标志性的科研成果。另一方面，许多高校与人才体系建设相关的激励机制不足，导致很多骨干人才流失，特别是普通高校在人才待遇方面相对较差，能够给人才提供的科研创新平台相对较少，致使整个人才队伍人心

不稳，高端人才很容易被更有优势的科研院校吸引走。从人才队伍内部看，高校人才队伍结构不尽合理，学科比例失调，知识互补性和互动性缺乏，很多人才主要集中在优势学科，劣势学科缺乏领军人才，难以发挥出人才体系的作用。此外，还有部分高校只注重人才的引进，不注重人才的培养，人才队伍观念落后，对外学科交流相对较少，专业知识更新较慢，能够进行的科研创新活动相对较少。

高校在人力资源管理方面也面临诸多问题。高校人力资源主要包含行政人员、科研人员、后勤人员、教师、教辅人员和离退休人员等，这些人员都是高校人力资源管理的对象。高校需要通过对这些人员的调配组织规划和协调控制，从而实现高校人力资源的效用最大化。但当前很多高校在人力资源管理方面依然沿用传统方法，更多是采取被动措施来对人力资源进行管理，人力资源管理的水平相对较低，难以发挥人才队伍的作用。大部分高校并没有从战略角度对人力资源进行宏观规划，缺乏对人力资源的深入挖掘。究其原因，部分高校的主要管理层对人力资源认识不到位，没有认识到人才体系建设对于人力资源管理的重要影响，缺乏对两者关系的深入分析，人力资源管理缺乏长远考量；在选人、用人方面不愿意打破常规，人力资源浪费现象非常严重，人力资源错配问题始终没有得到解决，相应的激励制度尚不完善，整个人力资源调控始终没有发挥其应有的作用。

三、以人才体系建设为核心优化人力资源管理格局

人力资源是组织不断向前发展的核心动力，因此应该对人力资源进行合理优化，构建更为科学的人力资源格局，实现人力资源的合理开发和利用，优化人力资源格局，为人才体系建设创造良好的外部环境，通过多种有效途径提升人才的综合素质。

（一）为人才体系建设营造良好的外部环境

组织在构建人力资源管理格局过程中应该稳定现有人才，并激发人才的创造力和凝聚力，同时积极围绕人才需求，为人才体系建设营造良好的外部环境，努力营造唯才能用、唯才有用、唯才是用的良好氛围。以高校为例，高校的发展离不开人才体系建设，高校只有不断积蓄人才力量，才能够进一步提升实力，才能够为社会培训更多的有用人才。高校必须依靠和充分利用现有人才，让他们不断得到锻炼以成为高校发展的核心力量。在人才选拔过程中，要坚持德才兼备原则，既要注重人才的能力和业绩，也要重视人才的品德；在人才任用过程中不为资历、不为身份、不为学历，要将真正的人才选拔到重要岗位，充分发挥人才的光和热。同时，高校还要积极宣传人才的重要性，在整个校园范围内形成"唯才是用"的氛围，鼓励、支持人才干事业和创事业。高校还要为创新人才提供技术管理和资本支持，尊重人才的创新成果，为他们有更大的作为创造更广阔的舞台。

（二）通过多种有效途径提升人才综合素质

人才体系建设的关键在于人才综合素质的提升，只有人才素质得到全面提升，人力资

源的质量才能更高，人才规模才会不断扩大。以高校为例，高校之间的竞争首先就是人才的竞争。高校的人力资源只有运用得更为合理，其运转才能更为流畅，高校的知名度才能更高，其所创造出来的科研成果才会越多。因此，高校的人才体系建设应面向未来，积极培育前沿高端人才，并对现有人才培养资源进行有效整合，不断扩大人才培养力度，加大人才培养经费投入，通过采取与企业深化合作等多种方式，进一步提升人才的综合素质。高校管理层要具有战略性眼光，将培养高端型人才作为高校发展的战略性工作来抓，并将人才培养计划纳入高校未来发展之中，完善现有人才体系，不断扩大人才培养规模。高校在提升人才专业水平的同时还要注重人才的横向发展，不断提升人才的综合实力。同时，高校也可以选送一批优秀人才到其他高校进行交流学习，掌握更为前沿的科研技术，提高学校的科研能力，进一步优化学校的人力资源格局。

（三）对人力资源格局加以科学优化以实现人尽其用

优化人力资源格局就是以现有人才为基础，对弱势人才群体加以改善和补充，对于优势人才群体要巩固其优势，对于特殊人才要通过引入和培养等有效方式进行集中培养。以高校为例，要想提升教学和科研管理水平，实现学校的跨越式发展，关键在于培养和引进一批高水平、高能力的人才。随着教育改革的不断深入，我国高等教育发展速度较快，对于人才需求的缺口越来越大。随着国家人才政策的不断放宽，高校的人才流动机制也更为完善，大量人才开始在整个教育领域流动，一方面，实现了高水平人才的合理利用，另一方面也加大了普通高校人才引进的难度。这就需要高等院校的主要管理者改变传统的人才引进观念，进一步增强人才引进的紧迫感和危机感，既要对人才引进给予相应的政策支持，同时也要使用超常规措施引入特殊人才，特别是在科研启动、职称评定、配偶安置、住房保障、职称晋升等方面给予一定照顾，这样才能够让人才在生活和工作上有所保证，才能够进一步激发人才的工作热情，才能够真正地发挥才干，为高校发展做出贡献。

总之，人才是组织不断发展壮大的根本，人力资源管理是组织管理的重要内容，组织的发展高度依赖于人才作用的发挥。组织在对人力资源进行管理的过程中，应以人才体系建设为核心，针对不同层次的人才制订相应的培养计划，充分激发人才的潜能和优势，开发好、管理好人才队伍，全面提高人力资源管理的效能和质量。

第二节 高校人力资源管理专业人才培养存在的问题

高等院校人力资源管理专业应该注重加强对人才的培养，以此满足现阶段社会发展对人才的需求。然而，从现阶段高等院校人力资源管理专业人才培养的实际情况来看，其中依然存在着一些问题有待解决，这些问题将严重干扰高等院校人力资源管理人才的培养，因此，高等院校应该积极地采取相应的对策解决这些问题。笔者针对高等院校人力资源管理专业人才培养存在的问题进行了探究与分析,并提出了高等院校人力资源管理专业人才培养的有效对策,希望有助于高等院校人力资源管理专业人才的培养。

现阶段,我国部分高等院校培养人力资源管理人才的过程中存在着诸多的问题,人力资源管理人才的培养目标不够明确,比较模糊不清,专业课程结构的设置不够恰当,并且未能够对实践教学环节引起足够的重视,部分高等院校师资力量明显不足,培养模式较为滞后。这些问题的存在致使高等院校所培养出的人力资源管理人才很难满足社会对人力资源管理岗位对人才的要求。大学生在高校毕业参加工作后,往往需要花费更多的时间和精力进行不断的学习和完善,才能够更好地胜任人力资源管理工作。

一、高等院校人力资源管理专业人才培养存在的问题

(一)缺乏明确的高等院校人力资源管理专业人才培养目标

基于社会人力管理专业人才的缺乏,各高等院校纷纷开设了人力资源管理专业。但是,部分高等院校缺乏对现代企业的最新发展动向的全面了解,对企业人力资源管理岗位人才的要求不明确,依然在按照以往的行政管理专业人才培养模式培养人力资源管理专业人才;而未能从学生毕业后就业的深度和广度出发,对人才培养模式进行创新。高等院校在设置人力资源管理专业人才培养目标时,并未充分结合现阶段企业对人力资源管理人才的要求,致使专业人才培养目标的设定不够准确。部分高等院校片面地认为人力资源管理专业学生毕业后,从事的依然是传统的人事工作,负责企业的日常行政事务;而实际上,随着企业的不断发展,对人力资源管理岗位的要求也随之不断提升,与传统的人事工作相比,现代企业的人力资源管理工作更加烦琐与复杂。然而,部分高等院校并没有结合企业对人力资源管理专业人才的要求,针对学生的就业竞争能力和职业素养进行重点培养,导致高等院校人力资源管理专业人才的培养目标与企业对人力资源管理岗位的要求严重脱节。

(二)高等院校人力资源管理专业课程结构的设置缺乏合理性

现阶段,我国部分高等院校人力资源管理专业课程结构的设置基本雷同,课程结构主要包括:基础性课程、通用性课程、综合性课程和核心性课程。特别是核心性课程模式的构建,大体都是根据人力资源管理6个模块相应的课程构建,因为能够充分地彰显出该高等院校人力资源管理专业的办学特色。这部分高等院校所培养出的人力资源管理专业人才,往往也很难满足企业对人力资源管理岗位的细化要求。部分高等院校在设置企业管理专业课程时,往往侧重于通用性课程,而忽视了核心性课程的重要性,通用性课程设置的数量要比核心性课程多出很多。在这样的课程结构中,高校学生很难形成企业对人力资源管理岗位所要求的专业核心素养和核心能力。这种按照以往人事管理岗位要求所设置的人力资源管理专业课程结构,实质上是一种本末倒置的课程结构设置。并且,部分任课教师在开展人力资源管理专业教学活动时,依然在采取以往的填鸭式理论教学模式,学生参与

的积极性不高，所培养出的人才自然很难满足企业对人力资源管理专业人才的要求。

（三）高等院校人力资源管理专业实践教学环节较为缺乏

高等院校人力资源管理是一门理论性和实践性相结合的学科，因此，人力资源管理理论知识和实践应用同等重要。然而，部分高等院校在开展人力资源管理专业教学的过程中，往往过于重视理论知识的教学，而忽视了实践教学环节；不仅缺少实践教学资源，同时实践教学课时的设置相对较少，实践教学的方式较为单一，内容的设置较为滞后。这对人力资源管理专业人才的培养十分不利。部分高等院校在开展实践教学的过程中，采用了校企合作模式，但是因为人力资源管理岗位自身的特征，一般一个企业仅能够安排一小部分的学生进行实践学习，很难充分实现校企合作实践教学的重要价值。同时，大部分高等院校缺乏双师型人力资源管理专业教师，不管是实践教学模式的构建，还是实践教学环节的设计都缺乏合理性，并且实践教学内容的设计也未能够充分地反映出现代企业的最新发展动向，致使学生很难将所学习的知识应用到实践中。

二、高等院校人力资源管理专业人才培养的有效对策

（一）根据企业相关岗位的要求，设置专业人才培养的目标

高等院校如果想培养出符合企业人力资源管理相关岗位所要求的人才，就必须以大学生未来就业为基本导向，从企业发展、行业市场变化和学校自身办学特色三个方面创新人力资源管理专业人才培养模式，并根据企业相关岗位的要求，重新设置人力资源管理专业人才培养的目标。首先，高等院校人力资源管理专业任课教师应该根据每一名学生的特征对其职业个性进行培养，明确其行业偏向性，针对不同行业人力资源管理岗位的要求，具有针对性地传授和指导学生相关的理论知识和实践技能，促使学生全面地了解不同行业的就业走向和人力资源管理相关岗位的要求。在这样的情况下，高校所培养出的人才能够具备较强综合竞争实力和职业素养。其次，高等院校应该结合当地经济和社会发展的实际情况，合理地、具有针对性地设置人力资源管理课程结构，增加实践教学的比重，提高学生的就业竞争力。一线城市的高等院校还应该全面了解外资企业的人力资源管理相关岗位的要求，在设置专业人才培养目标时，将外资企业专业方向融入其中。而二三线城市的高等院校则应该结合中小企业的相关人力资源管理岗位来设置专业人才的培养目标。不同的高等院校应该坚持自身的办学特色，根据自身的专长来设置人力资源管理专业人才培养的目标。

（二）加强对人力资源管理专业课程体系的优化

为了实现人力资源管理专业人才培养的目标，高等院校必须加强对人力资源管理专业课程体系的优化。首先，高等院校应该加强对人力资源管理职业素质课程的优化。现代企

业十分重视工作人员的职业素养，人力资源管理相关岗位也是如此。因此，高等院校在设计人力资源管理专业课程结构时，也应该重视学生职业素养的培养，可以通过核心课程和实践课程并重的方式来实现，核心课程的设置是为了促使学生了解职业素养的内涵和要求，实践课程的设置是为了提升学生的职业素养。其次，高等院校应该增加行业特色课程。现代企业不仅要求人力资源管理人才具备完善的人力资源管理专业的知识和技能，同时还需要具备一定的行业知识和行业经验。因此，高等院校应该结合当地经济的发展和行业特征，在人力资源管理专业开设一门与行业相关的课程，促使所培养出的学生是企业所需求的应用型人才。再次，高等院校应该提高对创新创业课程的重视，不单单是为了帮助学生可以成功地创业，同时也是为了提高学生的创新能力和创新意识，这也是实现人力资源管理专业应用型人才的一条必经之路。

（三）加强实践教学平台的搭建

高等院校人力资源管理是一门加强应用型的学科，并且企业也要求人才资源管理人员具备较强的应用能力。因此，高等院校应该注重加强对学生应用能力的培养。而人力资源管理专业实践课程则是培养学生应用能力的有效途径，因此，高等院校应该加强实践教学平台的搭建。首先，高等院校应该积极地搭建校内实践教学平台，将人力资源管理专业的实训软件引入进来，促使学生养成实时关注市场动态变化和分析竞争对手实际情况的习惯。其次，高等院校应该加强校外实践教学平台的构建，高等院校可以选择已经达成合作意向的企业，通过校企模式的合理构建，与企业构建校企协同人才培养模式，与企业进行深度合作，让更多的学生到企业进行实践锻炼。最后，高等院校应该创建全国性的人力资源管理专业实践平台，实现实践教学资源的共享，达到合作共赢的效果。

综上所述，社会经济飞速发展，各个行业的企业也随之快速发展，与此同时，各个企业对人力资源管理专业人才的需求和要求也在不断地增加和提高。因此，各高等院校应该注重加强对人力资源管理专业人才的培养，积极采取相应的有效对策以解决人力资源管理专业人才培养中存在的问题，合理地设置人才培养目标，强化对课程结构设计的优化，同时加强实践教学课程的设置，以此培养出能够符合企业人力资源管理岗位要求的专业人才。

第三节　高校人力资源管理中人才培养模式的转型

以往的人力资源管理体系都是基于人力资源管理的业务职能构建的，或者说以往的人力资源管理体系是以工作（职位）为本的人力资源管理模式，高校人力资源管理往往是指人力资源管理的几大职能业务板块：人力资源规划、人力资源招聘、绩效管理、薪酬管理和人力资源培训开发。然而，在广泛推行"以人为本"为管理理念的今天，这种以工作（职位）

为本的人力资源管理模式遇到了巨大挑战，显示出其弊端和现实不适应性，需要转型为"以人为本"的人力资源管理模式。

一、以工作（职位）为本的人力资源管理模式的弊端和现实不适应性

（一）以工作（职位）为本的人力资源管理模式的弊端

1. 追求目标的单一性

资本与劳动一直是工业生产既合作又冲突的两个要素。在工业社会里，效率是雇主追求的目标。效率是对有限资源的有效利用，是一种经济行为的工具性标准，是雇主的首要目标。以工作（职位）为本的人力资源管理模式的实质是以资本为本的模式，满足的是雇主的目标和需求。但这套模式没有顾及员工追求的目标。员工追求的目标是公平和发言权。公平是指雇员所得到的物质和人身待遇方面的平等，如合理的薪资、安全的工作条件和非歧视待遇。也就是说，公平不只包括经济回报分配的平等（比如薪资和利益），还包括雇用政策管理上的平等（比如无歧视雇用和解雇）。发言权是指雇员参与决策的内在标准，不仅包括在免受不公平解雇和申诉程序保护下的言论自由，还包括对决策制定的直接和间接参与。不管是否有助于提高效率，发言权对员工都是非常重要的，是天赋的人权。

2. 评估标准的功利性

一个经济体或一个组织的发展状况的评估标准包括多方面，既包括功利主义标准，也包括人权标准和公正标准。功利主义标准是以经济效益最大化为标准，测量指标往往是绩效、生产率和利润；人权标准是指经济的发展要尊重和保护人的基本权利；公正标准是要求经济分配和经济管理政策的平等。功利主义标准是一种工具性标准，人权标准和公正标准是一种内在标准。以工作（职位）为本的人力资源管理模式往往只看企业的功利主义标准，而忽视了人权标准和公正标准。在实践中，当劳资有矛盾和冲突时，人力资源管理一般是站在雇主的立场，代表雇主的利益来处理劳资矛盾，处理结果往往倾向于雇主一方，而忽略甚至损害雇员的权益。

（二）以工作（职位）为本的人力资源管理模式的现实不适应性

1. 不适用组织创造价值关键依赖要素的转变

在工业社会里，资本是创造价值的关键要素；而在今天的信息社会里，人力资源是创造价值的关键要素，从"以物（资本）为本"到"以人（员工）为本"和从"顾客是上帝"到"员工是上帝"是许多跨国企业人力资源管理正在发生转变的两个基本理念。社会价值创造取决于许多要素，如资本、劳动力、土地、技术和信息等。在不同的时代，这些要素对社会价值创造所起的作用是不同的：在农业经济时代，社会价值创造主要依赖于劳力，农业经济是劳动密集型经济，多而强壮的劳动力是农业高产出的主要驱动力。到了工业经

济时代，货币资本成了社会价值创造的主要驱动力。工业经济是资金密集型经济。一般而言，资本投资与收益是成正比例关系，资本投资越多，收益越大。进入知识经济时代，社会价值创造转为主要依赖于人力资本或智力资本，其表现形式是知识信息。从农业经济时代到工业经济时代再到知识信息经济时代，社会价值创造的主要驱动力的变迁趋势是：劳动力到货币资本再到人力资本。而知识信息是由员工掌握的，即员工是企业价值创造的关键要素。社会价值创造主要驱动力的变迁意味着工业社会的以物（资本）为本的管理模式要转向以人（员工）为本的管理模式。

2. 不适用组织结构和工作单元的转型

20世纪90年代以来，随着经济全球化和知识经济时代的来临，企业组织结构由金字塔科层制转型为扁平化组织结构，工作单元由部门业务制转型为团队制。组织结构转型为扁平化，意味着过去那种等级垂直型管理方式转向分权授权型管理方式；工作单元转型为团队制，意味着企业业务职能管理功能的弱化，员工自我管理、个体形式参与管理的加强。员工个体管理能力和合作能力的重要性突出了，基于业务职能的人力资源管理模式显然不适用这种转变，需要转向以员工为导向的人力资源管理模式。

二、"以人为本"人力资源管理模式的构建思路

（一）"以人为本"人力资源管理模式构建的指导思想

以往人力资源管理的重点和天平都放在资方（企业）天平的一端，资方高高在上，重点顾及的是资方（企业）的利益和目标，而少有关注员工的利益和目标；"以人为本"的人力资源管理模式要求把天平的另一端，即员工的位置抬高，尽可能抬高到与资方平衡的位置，既要满足资方对效率利润的追求，又要满足员工对公平发言权的追求。

人力资源管理是由人事管理演变过来的，人事管理是以事务为中心的管理，人力资源管理是以业务职能为中心的管理，其实两者并没有实质的区别，注重的都是资本的需求。而"以人为本"的人力资源的管理模式可以满足资本和员工双方的需求，"以人为本"的人力资源管理模式就是通过满足员工的需要和追求，从而提高员工的满意度和对企业的忠诚度，由此提高员工对企业的贡献度。

（二）"以人为本"人力资源管理模式的核心内容

以工作（职位）为本的人力资源管理模式和"以人为本"的人力资源管理模式的本质区别之一在于如何看待作为企业人力资源载体的员工，以及如何处理和协调在实现企业目标的过程中，企业与员工、管理方与被管理方、员工与员工之间的关系。"以人为本"的人力资源管理模式是要形成一种基于平等、互利互惠和长久合作的员工关系、管理机制与模式。这是"以人为本"人力资源管理模式最为本质的属性和目标之一。

1. 员工的需求

员工的需求可以概括为以下两个方面："分享"和"支持与援助"。

"分享"主要包括：一是分享企业的愿景。企业通过提供共同愿景，将企业的目标与员工的期望结合在一起，满足员工的职业发展期望。企业愿景是指企业的长期愿望和未来状况，是组织发展的蓝图，体现组织永恒的追求。企业要与员工一道建立共同愿景、分享愿景，在共同愿景基础上就核心价值观达成共识，培养员工的职业道德，实现员工的自我发展与自我管理。二是分享企业的权力。让员工参与企业管理，对涉及员工利益的事务，员工应该有自主发言权和参与决策权。三是分享企业的价值利润。企业应该通过提供富有竞争力的薪资体系和价值分享系统以满足员工的多元化的需要。四是分享企业的知识经验，包括与员工分享企业内部信息、知识和经验。

"支持与援助"主要包括：一是支持和帮助员工实现个人的职业生涯发展。企业通过建立支持与援助工作系统，为员工完成个人的职业生涯发展目标提供条件。二是支持和帮助员工个人人力资本增值。企业通过提供持续的人力资源开发和培训，提升员工的可雇用性，增值员工的人力资本。

2. 资方股东的需求

资方追求的自然是效率和利润，高利润是资方的根本需求。

3. 劳资双方的需求

在工业社会，劳资关系始终处于紧张和矛盾的冲突中，劳资矛盾和冲突寻求的是外部解决途径。现在劳资双方都意识到，需要改善劳资关系，合作才能双赢。很多管理者为确保员工的忠诚度和工作认同，采取了进步的人力资源策略，以此作为减少冲突、增加合作的主要方法。

三、"以人为本"的人力资源管理教学的核心课程体系

（一）员工发展板块

员工发展的核心内容是员工能力的开发与培养，这个板块的课程包括：员工培训与开发、员工职业生涯规划与管理、员工健康管理、员工帮助计划（Employee Assistance Program，简写为 EAP）。

1. 员工培训与开发

这门课的核心目的是提升员工在就业市场上的可雇用能力，即个人被雇用所需要的技能、知识、特质、态度的总和。通过培训，员工可满足自我发展的需要并提高自己的可雇用性。企业在开展可雇用性培训时，要把企业的发展与员工个人的职业发展紧密结合起来，同时要根据不同员工的具体情况选择不同的培训方式。以往的实践是，只使用和消耗员工的知识技能，却很少采取措施增值员工的人力资本。

2. 员工职业生涯规划与管理

企业应该主动组织员工开展自我评价活动，为员工提供职业生涯发展咨询，以加强员工对自我的认知，从而使员工确定的职业目标与个人更为匹配。一些公司的经理每半年与下属一道共同商讨他的职业生涯规划，讨论绩效改进和个人能力提升计划，共同制订相应的培训计划，使下属不断进步。

3. 员工健康管理

员工健康管理是一种现代化的人力资源管理模式，是人力资源管理模式从对"物"的管理转向对"人"的管理的反映。人力资源管理经历了从以"商品人"理论为核心的雇用管理模式到以"知识人"理论为核心的人力资本运营模式的变迁。在这种演进的过程中，人的重要性日益显著，人的个性化需求不断得到满足，人力资本逐渐成为企业最为重要的资本。而员工的健康管理实际上体现了企业对员工的人文关怀，体现了对人的尊重和对人力资本的重视，这种管理模式迎合了现代企业管理的需求，具有相当的现实意义。

4. 员工帮助计划

员工帮助计划主要涉及员工生活和工作两大方面。一是员工个人生活问题，如健康、人际关系、家庭关系、经济问题、情感困扰、法律问题、焦虑、酗酒、药物成瘾及其他相关问题；二是工作方面，如工作要求、工作中的公平感、工作中的人际关系、欺负与威吓、家庭与工作的平衡、工作压力及其他相关问题等。完整的员工帮助计划包括：压力评估、组织改变、宣传推广、教育培训、压力咨询等几项内容。具体地说，完整的员工帮助计划可以分成三个部分：第一是针对造成问题的外部压力源本身去处理，即减少或消除不适当的管理和环境因素；第二是处理压力所造成的反应，即情绪、行为、生理等方面症状的缓解和疏导；第三是改变个体自身的弱点，即改变不合理的信念、行为模式和生活方式等。如今，员工帮助计划已经发展成一种综合性的服务，包括压力管理、职业心理健康、裁员心理危机、灾难性事件、职业生涯发展、健康生活方式、法律纠纷、理财问题、饮食习惯和减肥等各个方面，全面帮助员工解决个人问题。解决这些问题的核心目的在于使员工在纷繁复杂的个人问题中得到解脱，减轻员工的压力，维护员工的心理健康。

（二）企业发展板块

这个板块基本包括现在从事人力资源管理的四门课程，即人力资源规划、人力资源招聘、绩效管理和薪资管理。人力资源培训开发课程可以放在员工发展板块。但是这四门课程要与以前的理念和目标有所不同，在课程开设宗旨、课程内容、课程目标等方面都要体现以人为本的理念。

1. 人力资源规划

以往的企业人力资源规划一般只包括企业人力资源未来数量和结构两个方面，而很少考虑员工入职后，员工个人职业生涯发展规划；而以人为本的人力资源规划，既要规划企业未来人力资源数量和结构的需要，又要顾及员工个人的职业生涯发展需要，要为员工职业生涯发展规划提供帮助。

2. 人力资源招聘

以往的企业招聘都是基于工作分析、岗位说明书进行的，目的是招到知识技能符合岗位要求的员工，而以人为本的招聘不仅要招聘到符合企业所需要的员工，还要顾及员工个人的职业生涯发展需要。当员工入职后，企业的人力资源管理部门为员工进行职业生涯诊断，结合职位，为员工提供职业生涯发展通道。某个岗位在招聘到合适的员工的同时，也要为员工提供职业生涯发展的途径和希望。

3. 以人为本的绩效管理

以往企业进行绩效考核的目的是为了对员工进行奖惩和升职。以人为本的绩效考核的目的是为了查清员工绩效低的不良行为，有效改进员工的不良行为，从而提高员工的绩效。以人为本的绩效管理要关注组织中人的特性和行为，即不管是考核指标的设计还是考核体系的实施都要从员工出发，激发员工的积极性。企业要运用绩效评价的结果数据影响次级管理者各雇员的行为。一般一个人的工作绩效是由两个因素决定的，一是业务能力，二是行为方式。用公式图表示为：

$$业务能力 + 行为方式 = 绩效$$

进一步说，

$$高业务能力 + 有效的行为方式 = 高绩效$$

行为方式是一个人创造绩效的中间变量。

4. "以人为本"的薪酬和福利管理

企业薪酬体系可以分为外在薪酬和内在薪酬。以往企业进行薪酬管理重点关注的是外在薪酬，而"以人为本"的薪酬管理要重点关注内在薪酬。企业应把"以人为本"作为企业文化的核心要素，即注重从企业员工出发，以人性化的管理方式，为员工提供渗透着企业文化的融洽的工作环境、良好的培训机会、合理的晋升制度、公平的奖励机制、挑战能力的机会和广阔的发展空间。

（三）员工与企业的关系板块

这个板块的核心课程是员工关系的管理。员工关系是由劳动关系演变而来的，劳动关系和员工关系都是研究员工与资方的关系，但两者的研究重点有比较大的不同。以往劳动关系处理员工与资方的关系时重点关注两点：一是员工与资方的书面契约管理，劳资关系更具有法律契约关系特征；二是对劳资矛盾和冲突寻求外部解决途径。而员工关系重点关注的有：一是员工与资方的心理契约管理。员工关系更具有心理契约的关系特征，心理契约的达成也是员工关系与传统劳动关系的重要区别。二是对劳资矛盾和冲突寻求利益相关者之间的合作和追求内部矛盾化解。

一门学科的构建既要以实践为基础并随实践的变化而变化，又要具有引领和指导实践的前瞻功能。高校教育应该具有四大内在特性：系统性、规律性（普遍性）、前瞻性（先进性）和正确性。以功能和资方为目标的人力资源管理体系需要适应"以人为本"的管理实践的要求，转型到"以人为本"的人力资源管理体系，高校教育的人力资源管理教学体系也要适应这个实践。转型趋势已经开始，高校需要适应并为调整和再构高校人力资源管理教学体系做些努力。

第四节　高校人力资源管理国际化人才培养

经济全球化使各类专业国际化人才成为各国应对全球化挑战的重要支撑，因而对各类国际化人才进行科学配置和有效管理的人力资源管理国际化人才的培养成为当前学术界、教育界与企业界亟待解决的重大课题。基于此，本节分析了我国高校人力资源管理国际化人才培养的现状与问题，比较了国外大学国际化人才培养的成功经验，从而提出了完善我国高校人力资源管理国际化人才培养的对策和建议。

众所周知，经济全球化需要国际化人才作为支撑。因而国务院《国家中长期教育改革和发展规划纲要（2010—2020）》指出：鼓励教育领域的对外开放，加强国际交流与合作的扶持力度，提高我国教育的国际地位，培养大批具有国际视野、通晓国际规则、能够参与国际事务和国际竞争的国际化人才。这里的国际化人才是指具有国际化视野、掌握跨文化沟通技能以及拥有国际化知识储备的专业人才。高等教育最基本的功能就是人才培养，只有落实好高校国际化人才培养理念，才能推进我国高等教育的国际化进程。不难看出，国际化人才培养对于高等教育国际化发展至关重要。据此，笔者认为，人力资源管理国际化人才是能够在全球化下施展才干、发挥作用，具备国际视野、专业知识和创新素质，适应国际规则，并能在国际交流合作中拥有良好跨文化沟通能力的人力资源管理领域专业人才。尽管经过几十年的探索和发展，我国人力资源管理专业已形成了规模较大、形式多样、层次丰富和领域多元的新格局，但由于现阶段培养目标不清晰、师资引进缺乏吸引力、条件设施不到位，以及缺乏系统性、整体布局不合理等问题，因而国际声誉不高，教育品质认可度较低，国际竞争力相对较弱。基于此，下面从培养主体角度出发，对我国高校人力资源管理国际化人才培养的现状和问题进行分析，通过与知名高校国际化人才培养的国际比较，提出针对性对策与建议。

一、我国高校人力资源管理国际化人才培养的现状分析

（一）培养定位的意识国际化

从之前学者的研究中不难得知，实现高等教育国际化的前提是高校应当具备国际化教育观念，即从全球视角来看待教育变革和人才培养的相关问题。因此，高校应当从全球一体化视角出发来革新传统守旧的人才培养理念，重新审视和确立人才培养目标。我

国众多开设人力资源管理专业的高校也逐步开始在培养目标中融入国际化、多元化和全球化等理念。虽然人力资源管理专业起步较晚，但对国际化人才培养非常重视。然而在实际培养过程中，众多高校国际化人才培养仍然停留在掌握一门外语和进行简单学术交流的较低水平，"促进全球经济""世界所需领导人才"的高标准仍有很大差距。因此，高校应结合自身学科水平和办学条件来提炼国际化人才培养的针对性目标。

（二）师资队伍的结构国际化

多元化师资队伍和学术氛围是提高人才培养国际化水平的基本条件。一方面，高校要"走出去"，即将青年教师派到国外一流大学和科研机构进行访学，学习前沿理念和跨文化思维，以提升教师自身的国际化素质。另一方面，要"引进来"，即引进外籍专家学者、学术理念和教学模式，以提升本土教师队伍水平。目前，在"走出去"方面，高校教师出国留学机会逐年增加，出国研修教师人数不断增长；在"引进来"方面，国际性学术交流密集开展，快速吸引和会聚了一批海内外有影响的学科领军人才。如，北京大学引进许多外国专家和高水平访问学者，清华大学把领军人才的培养和引进作为211和985建设的重点，南京大学为克服国外学者在科研条件、工作环境和合作群体等方面的困难，尝试引进国外高层次科研团队。但现阶段，受诸多方面制约，对国际顶尖人才引进仍缺乏吸引力。

（三）课程设置的体系国际化

经济全球化下，高校在不断地调整和优化学科专业结构，并探索开发高质量的课程体系，力争保持专业设置和课程教学内容的国际性和先进性，主要包括以下方面：一是增设具有国际性倾向的课程；二是加大外语教学的专业课程数量和外语课程所占比重；三是鼓励师生重视对于学科国际热门领域研究的探讨；四是注重选用外文课程原版教材。目前，国内很多高校增设了跨国人力资源管理、跨文化管理与沟通、专业英语等国际化专业课程，目的在于通过课程内容创新培养学生掌握国际化、多元化的专业技能知识。在4年培养期间，前期注重培养学生形成扎实的英语听说读写能力，后期注重对专业知识的打磨和对前沿知识的探索；并定期开展国际化教学研讨会，对授课对象、课程特点、原版教材、教学模式、电子教案设计等专题进行讨论、分析，以不断调整和优化。然而，受原有体制的束缚，高校人力资源管理专业的课程设置普遍存在重理论教学，却对前沿研究和实用型技能重视不足的情况。

（四）合作交流的形式国际化

国际高校间的合作交流是高等教育国际化发展的重要途径和国际化人才培养的通用方式。目前，我国高校国际化交流合作方式主要有以下三种：一是基于高校层面实现联合，拓展全球性学术交流渠道；二是着重凸显学科优势和区域优势，建立国际化产学研战略联盟；三是拓展渠道发展留学生教育。高水平、高层次的国际化合作与交流，不仅能够改善我国高校科研现状，加速与国际接轨的步伐，还有助于培养一批掌握学科前沿、具备国际视野的科研人才。2014年，中国发表国际合作论文6.5万篇，比2013年增加了9372篇，涨幅达16.7%，占到我国发表SCI（科学引文索引，Science Citation Index，简写为SCI）论文总数的24.7%。同样，跨国科研合作交流带来了更多与国际先进教育理念相互比较和学习的机会，激发了高校科研团队探索高水平学术成果的激情和动力。如，北京大学和清华大学与IBM联合成立创新研究院，上海交通大学与国际企业合作建立高水平重点实验基地等，这不仅开阔了师生的国际化视野，而且还能提升高校和企业的国际竞争能力。

总体而言，随着我国经济的不断发展和国际地位的不断提升，我国高校人力资源管理专业在国际化合作交流中逐渐消除了诸多障碍，取得了较大发展。但由于受地域和资源分布不均等客观因素制约，我国高校人力资源管理专业国际化的发展与发达国家普遍存在一定差距，多数高校参与国际性科研项目的能力薄弱，接受留学生的数量和质量状况不佳。

二、我国高校人力资源管理国际化人才培养面临的问题

从具体实施看，我国各高校人力资源管理国际化人才培养实践多是在培养过程中的某一环节大做文章，而缺乏整体布局。这样虽然在专业人才培养国际化初期成效明显，但很容易遇到瓶颈。总体来看，现阶段我国高校的国际化人才培养主要存在以下几个方面问题：

（一）国际化人才培养意识定位不清

国际化人才培养的目标是指高校欲将学生塑造成为通晓当前国内外经济文化发展状况，适应和认可多元文化，在国际性交流过程中具有全球视野和跨文化沟通能力的国际化人才的发展定位。但众多高校在制定国际化人才培养目标时普遍存在认知偏差，往往只是将对国外先进教育理念和国际化课程的引进等同于专业国际化人才培养，却忽视了与我国经济现状和学科实际相结合，导致我国高校专业设置输入和输出不匹配，致使国际化人才培养在实际实施过程中往往停留在让学生掌握一门外语或参与联合培养项目的较低层面。因此，我国高校应该重新审视人力资源管理专业发展的国际化需求，结合国际学科发展形势进行国际化人才目标的重新定位，为人力资源管理专业的国际化人才培养夯实基础，从而提升高校人力资源管理国际化人才培养的水平。

（二）国际化师资力量存在差距

在现阶段，我国大多数高校的人力资源管理专业难以聘请到有丰富国际化课程教学经历和合作交流项目经验的专家教授。近年来，高校越发重视提升教师的国际化科研经验，逐渐加大对于教师"走出去"进行访学或科研合作的扶持力度，以提升师资的国际化水平。但不能忽视的另一现状是，近年来国内高校规模迅速膨胀，导致教师队伍大幅扩充，师资水平参差不齐，难以适应国际化人才培养的教学需求。并且，大多数高校受政策、资金和自身的实力的限制，聘用外籍教师的数量和质量难以保证，无法满足课程国际化的需求。此外，我国大多数高校聘用的外籍教师主要教授外语课程，而教授人力资源管理专业课程

的外籍教师极少，因而国际化课程教学效果并不理想。

（三）国际化课程设置效果欠佳

教材作为实施教学的重要载体，影响着课程教学的广度和深度。人力资源管理专业课程具有很强的专业性，要达到预想的国际化教学效果，要进行国际化人才培养，首先应当选择合适的教材。现阶段我国高校的课程设置，往往直接引用国外原版教材。由于缺乏配套教辅资料，学生们普遍难以理解，这不仅严重打击了学生的积极性，而且还难以达到预期的教学效果。尽管某些高校专业课程号称为"国际化"，但课程实际内容、教学体系甚至实践环节都是"新瓶装旧酒"，与传统课程实质并无变化。目前，落实课程国际化的措施主要有增加学生外语课程比重、注重专业课程的双语教学以及课程使用国外原版教材等。高校应当基于学科国际化发展需求制订人才培养方案，培养人才的国际意识，将国际化的人才培养理念贯穿课程实践始终。但由于存在理念上的误区，我国高校人力资源管理的课程国际化近年来一直处于较低水平。

（四）国际化合作交流以输出为主

纵观我国高校人力资源专业的国际化人才培养发展进程，将优秀的学生和教师派往发达国家，学习前沿学术理念和教学经验，再带回国内的输出模式，的确在整个国际化人才培养发展进程中起到了很大作用，但对海外学者和留学生一直缺乏吸引力。教育部2014年公布的高校在校生中留学生占0.7%，而美国高校在校生中，留学生占4.8%，远高于我国高校留学生比例。出现这种人才培养"逆差"的原因：一方面，由于我国高等教育，尤其人力资源管理专业起步较晚，虽然发展很快，但仍与发达国家有较大差距；另一方面，人力资源管理专业本土教育的国际化水平较低，不能为海外学者和留学生的学习和科研提供便利条件，如语言和文化的包容性较差、软硬件条件跟不上等。

三、与发达国家高校国际化人才培养模式的比较

（一）牛津大学"全面驱动型"国际化人才培养模式

英国教育史学家约翰·达尔文针对衡量大学的国际化程度提出了四个可量化指标：一是享有国际领先的学术声誉；二是拥有充足的科研经费；三是在全球范围内广泛开展学术交流合作项目；四是能够吸引国际化师资和招收国际化生源。近年来，牛津大学始终依照上述指标进行国际化高校建设，也以此奠定了牛津大学的世界顶尖大学地位。

1. 传承历史的国际化目标定位

对牛津大学而言，国际化是牛津大学与生俱来的特征之一。早在1190年，牛津大学就招收了国际学生。牛津大学借助开拓国际生源市场、推进课程国际化改革、牵头开展区域性或全球性的国际合作项目等策略跻身世界一流大学国际化发展水平的前列。牛津大学

始终注重国际化发展战略的实施,在行政管理方面配有国际化的职能部门——国际战略办公室,主要负责制定连贯的国际化战略,统筹管理学校国际化事务,开展国际学术交流和教育合作,为牛津大学提升了国际形象,增强了国际竞争力。

2. 拥有成熟的国际化师资队伍

据统计,牛津大学的教学师资和科研团队中有超过40%的人拥有外国国籍,来自近百个国家和地区,其中来自美、德、法、意、加、澳等发达国家的专家学者占据多数。目前,牛津大学聘用的世界知名学者数量在英国高校中位居第一。在师资聘用的过程中,牛津大学始终秉承能力本位、渠道多元的原则,建立专业的甄别招募机制以选聘世界范围内各领域杰出的人才和团队。

3. 世界一流的学科课程建设

牛津大学在国际化的目标定位指导下,近年来在课程国际化部分做了大幅变革,总体呈现出三个特色:一是课程质量和教学水平达到国际领先水平;二是课程内容与国际接轨;三是课程设置时代特色鲜明。21世纪以来,牛津大学人文社科和自然科学双重领域的多个学科发展迅猛,拥有世界领先科研水平,为学科专业课程设置的国际化奠定了基础,也有效提高了牛津大学吸收国际生源的竞争力。

4. 全方位的跨国交流与合作

伴随英国政府关于高等教育国际化相关政策的出台,近年来,牛津大学在国际招生市场竞争中投入了更多的资金和政策,招收的国际生源在数量和质量上都得到了不同程度的提升。截至2014年,留学生比例已超1/4,而研究生则超过半数。在国际合作方面,牛津大学参与具有全球意义的学科和跨学科研究的科研合作项目遍布世界各地。由牛津大学牵头成立了多个具有全球影响力的国际性合作联盟或团体,包括国际研究型大学联盟和产学研联盟等。其中,国际研究型大学联盟组建于2006年,是由10所国际顶尖的研究密集型大学基于相似的国际视野和价值取向组成的高校联盟。大学联盟致力于资助联盟内高校的优秀学生在课程之外接受国际化的学术交流体验。

(二)耶鲁大学"全球大学型"国际化人才培养模式

进入21世纪,耶鲁大学校长理查德·莱文提出要将耶鲁大学建设成"真正的全球性大学",并在2005年和2009年接连颁布《耶鲁国际化:2005—2008年战略框架》和《2009—2012年国际化战略框架与行动计划》两个纲领性文件,以指导学校国际化发展的重点、方向与路径,为统筹协调学校各学院和职能部门的国际化活动奠定了基础。

1. 构建国际化目标的框架体系

耶鲁大学将国际化发展目标细化为三个可衡量指标:第一,培养学生在全球化浪潮中发挥特长和提供服务的能力;第二,能够吸引全球顶尖的学者和学生的加入;第三,树立世界一流大学的地位和声誉。在全球化背景下,耶鲁大学立足于已有科研优势,拓展国际化人才培养视野,通过促进全球性科研项目合作,深化跨文化、跨领域的学术交流,增强国际化高素质人才储备,树立和巩固耶鲁良好的国际声誉,以提升耶鲁大学在全球高等教育体系中的竞争力。

2. 加大师资国际化的投入力度

目前,耶鲁大学拥有逾千个国际交流合作项目,并逐年加大对于派出教师全球性科研交流的扶持力度。耶鲁大学的教师、学者进行海外学术科研活动能够得到耶鲁国际及区域研究中心不同程度的科研经费资助。同时,耶鲁大学常年面向全球招聘国际知名专家、学者,以满足国际化教学与科研需求。耶鲁大学海外籍教师占全体教师人数的53%以上,成熟的国际化师资力量不仅能够加快耶鲁大学国际化建设的步伐,还能够带动耶鲁大学国际影响力的提高。

3. 促进课程国际化的不断完善

据统计,耶鲁大学开设的国际化课程有600多门,主要分为三类:一是开设专业相关的国际化课程;二是开设探讨国际前沿的研讨类课程;三是根据专业国际化需要增加的语言文化类课程。为提升学生跨文化沟通的能力,耶鲁大学总共设置了多达31种外语课程供学生选修。与此同时,耶鲁大学还常年邀请全球顶尖专家教授前来讲学,尤其是在跨学科研究领域,以此帮助学生提升国际化素质水平。

4. 扩大生源国际化的学生规模

近年来,耶鲁大学为扩大国际化招生规模采取了以下措施:第一,为增强海外招生力度,耶鲁大学扩大招生办公室编制增设至三个部门,并将调研制定国际招生政策列入国际事务办公室的职能范畴;第二,为每一个学院制订灵活务实的国际招生和资助计划,对于国际生源采用"奖学金"和"助学金"政策,配有专人进行一对一审核,根据学生的实际需要给予相应的奖学金资助保障;第三,增加校友面试官制度,在海外多地进行招生宣讲,向优秀学生发送邀请邮件。2010年至今,耶鲁大学的国际生源质量得到稳步提升,国际学生数量从2010年的1989人增长至2016年的2477人,增幅近25%,国际生源占全校学生的比例从17%增至20%。

(三)海德堡大学"开放包容型"培养模式

海德堡大学创建于1386年,在2015年至2016年US News年度世界大学排名中,海德堡大学位居德国第1位,世界第37位。海德堡大学在自然科学和人文社科领域已培养出大批享誉全球的专家学者,其中包括12位诺贝尔奖获得者以及费尔巴哈、黑格尔等著名哲学家等,其培养目标和模式体现了重视国际化与继承传统相结合的特点。

1. 开放包容的国际化培养目标

纵观海德堡大学国际化发展进程,国际化人才培养定位始终作为一项重要的教育使命贯穿其中,有着优良的历史传承。依据德国相关政策和产业发展需求,海德堡大学致力于培养学生创新和利用科技服务全球的技能,以开放包容的态度尊重且鼓励师生进行跨文化的沟通交流。海德堡大学基于德国及欧洲高等教育体系的领先地位，集中优势资源拓展学术国际网络，吸引国际优秀的专家、学者，致力于提升自己的全球竞争力和影响力，为本校师生提供更好的发展平台。

2. 兼容并包的国际化师资队伍

在国际化师资队伍建设方面，海德堡大学主要采取以下措施提高师资的国际化水平：一是在全球范围内选聘专家、学者，利用丰厚的薪酬待遇和宽松的科研环境吸引世界各地的专家学者，尤其重视对海外科研团队的引进；二是鼓励本校学者在组建科研团队时，依据团队建设和科研需求，邀请海内外高水平人才加盟，推动跨文化科研的交流与合作。

3. 与时俱进的国际化课程体系

在课程设置上，海德堡大学实施"面向国际的课程"。这些课程的主要特征是针对不同专业需求，教师在教授课程时使用双语或者多语种教学，对高年级学生提供海外交流学习机会，对留学生提供额外的专业课程指导。在课程实施上，课程实施与国际接轨，关注学生的学习能力培养，课程教学从"以教师为中心"向"以学生为中心"转变。由于德国在高等教育管理制度方面自成体系，近年来，海德堡大学为推进课程国际化改革，基于德国新的高等教育政策建立了与国际接轨的课程管理制度，简化原有学位授予体系，使用国际通用的学士/硕士学位体系，认可欧洲学分互认体系（European Credit Transfer System，简写为 ECTS），帮助学生了解和比较相关专业课程。

4. 区域特色的国际化合作交流

海德堡大学与国外 20 所左右的大学开展各类合作交流项目，涵盖英、美、法、俄、日等多个教育发达国家的世界知名高校。海德堡大学是欧洲研究型大学联盟（League of European Research Universities，简写为 LERU）、科英布拉集团（Coimbra Group，简写为 CG）、德国 U15 大学联盟和欧洲大学协会（European University Association 简写为 EUA）的创始会员。欧洲研究型大学联盟成立于 2002 年，是欧洲领先研究型大学的联盟，现拥有 21 所高校成员。联盟的宗旨是致力于教育、知识创新和基础性研究的推广，对推动欧洲高等教育发展和社会进步有重要意义。科英布拉集团成立于 1985 年，现有成员包括 38 个欧洲历史悠久、富有声望的大学，作为欧洲高等教育发展的先驱，集团的使命是促进其成员在高等教育及研究领域的技能，为欧盟提供关于高等教育的建言，将科英布拉集团打造成世界性的卓越学术集团，以吸引学生，并激励成员间的学术互动。

（四）东京大学的"世界共融型"培养模式

东京大学始建于 1877 年，是日本历史最为悠久的大学，为近代日本的繁荣发展做出了卓越的贡献。东京大学作为日本最有影响力的大学，以带动世界一流的学术研究发展，成为培养具有国际视野市民精英的教育场所，建立世界尤其是亚洲实力最强、最具吸引力与号召力的大学，成为"亚洲排名第一的大学"为国际化奋斗目标。为实现上述使命，2003 年 3 月，东京大学制定"东京大学宪章"，致力建设为世界提供公共性服务的高等院校，成为名副其实的"世界的东京大学"。

1. 颇具野心的国际化目标定位

东京大学作为日本最为出色的研究型大学,基于国际化高等教育发展趋势,近年来一直致力于实现"更加国际化、更加坚忍顽强"的教育理念,力求将学生培养成拥有跨文化沟通能力的全球领袖型人才。为更好地实行其国际化发展战略,东京大学在海外(东亚、欧美等地)陆续设有国际事务联络办公室,协调处理国际交流合作、进行海外招生、维护提升国际声誉等诸多事务。

2. 日趋完善的国际化师生结构

由于全球高等教育国际化趋势愈演愈烈,各高校间人员往来日益频繁,东京大学意识到提升师资力量和生源国际化程度对于高校国际化发展的重要性。通过坚持不懈地走开放型办学路线,目前东京大学拥有外籍的学者、教师占全体在职教师的 7.96%,比 2008 年的 3.46% 增长一倍多,远高于日本国内平均水平。此外,以学生的国际交流为例,东京大学的国际学生所占比例近年来均呈现大幅增长,2014 年为 10.36%,而研究生中中国籍学生高达 18.59%。

3. 比重提升的国际化课程

毋庸置疑,东京大学要想改革课程体系,提升专业课程的国际化程度,授课语言是首要解决的阻碍。日语的专业课程显然对海外生源缺乏吸引力,优秀的留学生可能因为需要多精通一种语言而另择他校。为了便于师生进行海外交流,东京大学近年来大幅增加双语授课的专业课程数量,全英语教授的专业课程也有所增多。据统计,截至 2014 年底,使用全英文授课结业的专业课程已达 156 门,这不仅使留学生课程的选择更为丰富,也能为帮助本校学生进行海外交流奠定了基础。近年来,东京大学通过对于课程设置的国际化改革,充分发挥其长期积累的学术研究基础,提升了学生跨文化沟通能力和国际化的专业技能水平。

4. 设置海外事务所促进国际化交流合作

在全球一体化背景下,东京大学意识到自身作为地处亚洲的大学定位,充分发挥本校长期积累的学术研究基础,在进一步加强与亚洲各地区合作的同时,推进与世界其他区域的相互交流。在海外设置事务所是东京大学国际战略的重要一环。东京大学的海外事务所主要集中在中国、东南亚和英美各国。海外设置的事务所主要职能有:一是宣传职能,提高东京大学在海外的知名度和影响力;二是招生职能,在海外多地进行招生政策宣讲,吸引优秀海外学生申请东京大学;三是协调职能,为学校与海外高校及企业之间进行学术交流或在特定领域达成合作提供桥梁。近年来,东京大学海外事务所不仅能及时高效地处理好本校的国际性事务,还能提升东京大学的国际竞争力,加快东京大学国际化的发展步伐。

四、完善我国高校人力资源管理国际化人才培养的建议

与发达国家相比，我国人力资源管理国际化人才培养普遍起步较晚，步伐也较慢，在培养目标定位、师资力量、课程设置和合作交流等方面，与发达国家还存在不小差距。因此，有必要借鉴国内外高校的成功经验，尽快构建符合自身特色，适应当前社会需要的培养模式，培养出理论基础扎实、实践能力较强、创新精神突出的国际化人才。人才培养特点决定了国际化人才培养是复杂的系统工程，须多方面协调和努力。基于此，笔者认为高校需要从国际化目标定位、师资队伍、课程设置和合作交流四个方面构成完整的国际化人才培养体系。

（一）以国际化为目标，明确培养方向

高校构建人力资源管理国际化人才培养体系时，首先要明确其国际化培养目标的方向，这是培养模式是否可行的成败关键。培养目标的制定应当以学生的国际化培养和发展为目的，与专业办学理念和国际化发展定位相结合，并且兼顾本校国际化战略和教学计划需求。在制定培养目标的过程中，应当着重调研当前人力资源管理国际化人才的需求情况，结合高校自身特色及专业现有资源和优势，将培养符合国情、适应社会需求的人力资源管理国际化人才作为培养目标。

（二）以国际化为导向，完善师资力量

提升高校教师结构国际化水平能够有效地支撑人力资源管理国际化人才培养模式建设，因此高校应当坚定走国际化发展路线，加大对海外高层次人才的引进力度，拓宽教师国际交流合作渠道，整合现有资源，逐渐增强师资力量与国际接轨，以实现国际化人才培养的战略目标。目前，师资队伍的国际化建设的重中之重在于海外高层次人才引进计划的实施，这是高校快速推进师资队伍国际化的重要途径。落实海外高层次人才引进，一是应当增加人才引进的投入，提高海外高层次人才待遇以示诚意，并配备科研团队和科研启动经费，提供舒适、便捷的工作环境；二是围绕海外高层次人才产生规模效应，根据专业发展需求，创新科研团队建设制度，团队科研人员的选聘与国际标准接轨；三是多样性引进海外智力，打破地域与身份限制，邀请国际顶尖专家学者前来讲学或者担任客座教授、荣誉教授等，实现人才国际化交流与协作。

（三）以国际化为标准，优化课程设置

课程是落实人才培养的主要载体，然而我国高校人力资源管理专业现有的专业课程内容显然无法满足培养有国际竞争力人才的需要，因此需要对课程设置进行革新。国际化人才培养强调学生的专业理论知识、跨文化沟通能力、国际视野以及参与国际事务能力的培养。因此，高校在设置专业课程时应遵循系统化、国际化和实践化原则。我国高校的人力资源管理专业应当在国际化人才培养目标的引导下，优化课程体系，精简教学内容，

注重课程教学的体系化和专业水准，试点开设英文专业课程和文献研讨课程。课程设置既要体现知识的专业性，也要体现应用的国际性，围绕国际化人才的培养目标，依托国际化教材和灵活的教学模式，丰富学生的国际化思维和认知。

（四）以国际化为引领，创新合作模式

人力资源管理国际化人才培养应当强调理论与实践的结合，注重社会实践的国际化和多样性。根据目前全球高校的合作交流趋势和我国高校的实践成果可以发现，产学研合作模式能够有效整合资源、拓宽渠道，培养具有创新能力和实践能力的国际化人才。产学研合作模式能够让学生参与应用性项目，体验如何应用专业知识解决实际问题，在实践中锻炼学生的创新能力和实践能力以满足服务社会需求。因此，为培养国际化人力资源管理的人才，高校应积极拓展与国外企业合作的机会，可通过跨区域的校际间联合培养或校企产学研协作的方式加快实训基地建设，集中多种实践教学环节和特色资源，提高学生的专业素质和国际竞争力，为学生进入全球劳动力市场创造条件。

综上所述，只有不断地探索和创新人力资源管理国际化人才培养模式，构建以实现培养学生国际化视野和创新实践能力为目标的人才培养体系，才能提升我国高校人力资源管理专业人才培养的国际化水平。因此，未来高校应当致力于将人力资源管理专业学生培养成拥有理论知识、创新思维和国际视野等能力的复合型人才，以满足我国社会经济快速发展对人力资源管理国际化人才的需求。

第五节　高校人力资源管理专业实践性人才培养

近些年来，我国教学改革的开展使得整体的教学体系更加完善，教学水平有所提高。在此背景下，社会对人才的要求日渐提高，知识型人才已经不能满足各岗位的需求，实践型人才成为了人才培养的主流趋势。因此，高校在开展人力资源管理专业人才培养的过程中，应以实践性人才培养为主。本节就高校人力资源管理专业实践性人才培养中存在的问题进行了分析，并提出了具体的解决措施，以供参考。

在就业趋势日渐恶劣的情况下，高校的人力资源管理专业学生在刚进入社会的时候是缺乏工作经验的，而且实践性比较差，所以很多人力资源管理专业学生想要成功应聘对口工作较为困难。面对这样的情况，高校在开展人力资源管理专业教学过程中，就应在为学生讲解人力资源管理专业理论知识的基础上，培养学生的实践能力，以此来帮助这一专业的学生能够具备实践能力，能够在初入社会的时候具有一定的就业优势。

一、高校人力资源管理专业实践性人才培养中存在的问题

教学改革的进行并不是无的放矢，而是需要在有理有据的基础上开展。因此，对当前

人力资源管理专业实践性教学中存在的问题进行分析是非常有必要的。

(一)实践性教学意识淡薄

实践教学这一词汇代表的是新的教学理念。这一词汇自从出现之后,就被应用到实际的教学中。实践教学从始至终一直存在于教学中,可以根据专业理论知识的差异化而出现不同的目标。在实际教学中,通过理论和实践相结合的形式来进行人才培养,能够进一步提升学生的实践能力,并促使学生掌握基本的岗位技能。对高校开展的人力资源管理专业实践性教学进行分析可以看出,在这一教学落实中,很多教师不以为然,对这一实践性教学并不重视。在教师实践性教学意识淡薄的情况下,教师所开展的实践性教学形式化严重,只是表面上的实践性教学,实际上依然是理论教学。这种换汤不换药的教学行为,对实践性人才的培养有着不利的影响。

(二)实践性教学课程时间较少

人力资源管理课程在高校课程设置中占据重要的地位,教师有充足的时间来开展此专业课程的教学,在对理论课程时间和实践性课程教学时间进行划分的过程中,教师留给实践性教学的时间较少。在教学时间不充足的情况下,教师开展的实践性教学工作出现了虎头蛇尾的情况。在实际的教学中,实践性教学并没有被贯彻到实际的教学中,如此情况就导致人力资源管理专业实践性教学效果不理想,学生在实践性教学中难以掌握实践技能,其实践能力依然有待提高。

(三)教师受传统教学经验的束缚

在教育教学开展的过程中,教师是非常重要的存在,教师的教学水平、文化素养,对教学工作的开展效果都有着一定的影响。在这样的情况下,高校要想做好人力资源管理专业的实践性人才培养工作,就需要对师资力量进行强化。在现有的教师团队中,青年教师较少,大部分教师都有多年的教学经验,在教学过程中教学水平较高。但是,这部分教师在教学中也容易受到教学经验的束缚,在进行教学改革过程中容易出现问题。有经验的教师在教学中更注重理论教学,让这部分教师提高对实践教学的重视,并将实践性教学贯彻落实是较为困难的。所以,这就导致了人力资源管理专业实践性人才的培养陷入了困境,教学工作的开展有待改善。

二、高校人力资源管理专业实践性人才培养的措施

在社会全面发展中,需要大量的人才。高校作为人才输送的主要阵地,肩负着重要的职责。随着社会对人才要求的提高,高校教育教学的开展面临着一定的挑战。高校在开展人力资源管理专业实践性教学过程中,必须保证教学质量,因此在教学开展中,应从以下几个方面入手来保障教学质量:

（一）增强实践性教学意识

高校在开展人力资源管理专业的实践性人才培养工作过程中，要想保证这一教学的质量，就需要增强教师的实践性教学意识。教师的教学意识对其教学行为有着重要的影响，要想促使教师从传统的教学行为中走出来，高校管理者就应在校园内宣传、推广实践性人才培养的重要性，同时对如何开展实践性人才培养教学进行探讨。在众多与教师的实际讨论过程中，教师会清楚地意识到，实践性人才培养已经是刻不容缓的事情，作为一名光荣的教师，有职责来提高学生的实践能力。在这种意识的潜移默化中，教师的实践性教学意识能够得到强化。在意识的作用下，教师在日常开展人力资源管理的专业教学中，可以有效地开展实践性教学，从而实现培养实践性人才的目标。

（二）增加实践性教学课时

教师在对实践性人才进行培养的过程中，所需要的时间是比较多的，因为培养学生的实践能力并不是一朝一夕就可以完成的事情，所以时间变得尤为重要。面对这样的情况，高校在对人力资源管理专业课时进行划分时，应尽量增多实践性教学课时，使实践性教学课时与理论教学课时呈现平衡状态。在有更多时间的情况下，教师所开展的实践性教学才能取得理想的效果，才能培养出更多优秀的实践性人才。

（三）提高教师的实践性教学能力

高校在落实人力资源管理专业实践性人才培养工作过程中，为了确保这一工作的落实效果，应对任课教师的实践性教学能力进行提升。高校应为教师提供外出学习的机会，走出校门的教师可以更好地认识到社会的变革，认识到社会对人才要求的转变。在更广阔的教学舞台上，教师可以与更多优秀的教师进行交流，可以从相互的交谈中吸取教学经验，这样一来，教师的实践性教学能力就会得到潜移默化的提升。与此同时，高校还可以聘请人力资源管理方面的教育专家来对教师进行培训，传授实践教学技能，提高教师的实践教学能力，从而促使教师在开展实践性人才培养工作中，能够游刃有余，完成教学任务。

综上所述，之所以要对人力资源管理专业实践教学进行研究，从理论上分析是因为在我国职业教育体系发展时期，一些比较成熟的教育体系都是从国外引进的，这些体系和我国的实际国情存在一些出入。而我国又是人口大国，人才教育的开展是重中之重，在如此情况下，我国对于人力资源管理专业的一些理论就要进行重新定义。而理论的重新构建和实际情况是不能分割的，因此，对人力资源管理专业实践性人才培养效果进行研究，就能够从中得到一些有用的信息，以这些信息为基础来进行实践性人才培养教学的改进，可以促使实践性人才培养目标早日实现。

第六节　基于创新人才培养的人力资源管理

随着知识经济时代的到来，企业是否具有创新性人才已经成为企业能否长久发展的重要因素之一。在当今时代，企业需要大量的创新型人才，这就对企业的人力资源要求提出了新的要求。企业培养创新型人才已经成为社会的普遍现象，企业创新人才的培养逐渐走向规范化。本节以企业人力资源培养创新型人才为研究对象，对企业培养创新人才提出一些有效建议。

由于企业对创新型人才的大量需求，企业人力资源关于培养创新人才的责任更加重大。企业高层日益注重企业人力资源管理工作的开展，通过对企业创新人才的培养来达到减少企业资金投入的目的，而且会使创新人才为客户提供更好的服务。但是，就目前情况而言，传统的培养模式已无法满足现阶段企业对于创新人才的要求，必须转变培养模式，不断完善与创新培养模式，使人力资源管理工作可以有效地开展。

一、结合企业实际状况，制定创新人才培养模式

对企业人员进行创新能力的培养，一定要以实际为依据。换而言之，企业要以当前的发展状况为基础，制定符合当下企业发展的创新人才培养模式；在新的培养模式的指导下，将企业内人员逐渐打造成为具有创新能力和较高技术的现代化人才，提升企业的竞争力。在进行创新人才培养的同时，企业要依据一定的标准将企业人员细化，对其分别进行不同目标和人物的培养，为企业的不同职能的创新人才的培养打下坚实的基础。

二、通过多维度的人才成长计划，提高创新人才能力

企业要培养员工的终身学习理念，使员工树立"活到老，学到老"的意识，打造全方位由专家辅导的培养方案。一方面，企业要根据时代的发展为员工提供相关的创新人才培训，可依据企业的经营范围和性质确定培训的课程，所需要的经济费用由公司承担。另一方面，企业要大力支持员工外出学习相关创新能力培训，对于获取专业认证的创新人才给予激励，还可将学费分批次返给员工。企业人力资源管理部门可以建立相关的培训部门，定期给员工进行网上教学、实际操作等培训，要使企业的每一位员工每年参加的培训不少于40节。每一位员工都可向企业的人力资源管理部门咨询相关的培训。企业也可以与高校进行合作，依托高校进行创新人才的理论知识培训，在培训结束之后，给参加培训的员工实践的机会，使其将理论与实践相结合，培养实践型创新人才。在创新人才的培养上，企业还可采取一对一的培训模式，根据员工的技能、经验和薪酬等情况，为其安排特定的专家进行培训，专家对员工的技能进行培训，提出针对性的建议。随着创新人才能力的不断提升，企业可以重新选择专家，从而打造新鲜的"传帮带"培养模式。

三、企业要打造创新人成长的外部环境

企业人力资源管理部门要对创新人才进行培养，第一步就是要打造适合创新人才成长

的良好的外部环境。相关部门要发扬创新理念，让员工不断树立创新意识，使员工产生用创新去争取为自己日后的发展打开新的工作局面的意识，让员工形成自己不进行创新就是在挥霍自己青春的想法。企业无论是管理层还是普通员工都需要把创新看成自己事业新的起点，发挥自己的才智，为自己事业的发展以及企业的发展而努力。

企业管理者要放心地使用创新人才，要相信，使用就是对创新人才最棒的培养。"人无完人"，创新人才在工作的过程中也会有自己的不足，但其有扎实的专业知识。对于这类人员，管理者可大胆地进行启用。这一行为不但可以体现出企业管理者的胸襟以及对创新型人才的重视，还可以发挥创新型人才的最大价值，要以"瑕不掩瑜"为使用人才的原则，要以宽容的眼光去看待一个人的不足，并且不过多地责备。在培养人才时，对其进行正确的指引，充分发掘其在专业领域的价值，激发其创新的热情，从而培养其创新能力。企业管理者对于创新人才的使用方面，要坚持用人不疑、疑人不用，不要在创新型人才各方面的技能都非常成熟时再对其派发任务；要在培养时就对其派发任务，给予他们一定的压力，给予他们足够的时间、空间去进行创新，让他们在实践中不断地提高自己的创新能力，得到快速的成长。

四、企业建立有助于创新人才培养的机制

企业人力资源管理相关部门要转变对人才的理解，要根据时代的要求重新对人才进行定义，要树立人力资源才是企业永久资源的意识。企业人力资源部门需要做好发掘人才、培养人才、爱惜人才的工作，要以员工的绩效、经验来评判员工的能力，而不是以学历或者学位来判断员工能力的高低，要尊重人才、尊重创新，为企业培养创新人才打下坚实的基础。企业还可建立相关的机制来达到对创新人才的培养。例如，企业可建立创新保障机制，定期举办创新评比活动，如技术创新评比、管理创新评比、操作创新评比等活动，激发员工创新的热情。企业还可建立创新活动考核机制，将员工的创新进行量化，制定量化标准，将活动结果与员工的绩效奖金相连，打破原有的职位高的人员奖金高的现象，使创新能力较好的人才得到对应的较高奖励，从而激励员工进行创新。

综上所述，企业文化会贯穿于人力资源管理工作的每一个环节，对企业人力资源产生深厚的影响。在当今时代，创新型人才对增加企业竞争力、推动企业快速、长久的发展具有重要的作用，而创新人才的培养需要良好的企业文化和外部环境，是一个长期的、系统的工作。企业要加强对创新人才的培养，为企业的持久发展提供保障。

第七节　人力资源管理专业立体思维能力培养

受制于传统教学理论与方法的不足，高校人力资源管理专业学生的思维能力局限于传

统理论分析模式，缺乏立体思维，无法将专业课程融会贯通。本节分析了人力资源管理专业人才培养现状及问题，提出了培养人力资源管理专业本科生立体思维模式的有效方法与途径，从而在根本上提升人力资源管理专业学生分析问题与解决问题的能力。

企业为了适应激烈的市场竞争环境，对人才提出了较高要求。但多数企业的人力资源管理者由于现代人力资源管理理念、模式和技术的迅速变化已经显示出对人才新需求的不适应，尤其是高等院校直接培养出来的人力资源管理专业学生更难将其所学的知识、经验等在实践中向管理技能转变。

一、人才培养现状及问题

企业对人力资源管理专业人才需求旺盛，但高校的培养特色却不鲜明，课程体系和教学内容体系尚需进一步完善。人力资源与社会保障部2015年统计显示，全国各类人力资源服务机构2015年底共2.7万家，从业人员已达45万人，行业规模达9680亿元。但与此同时，多数开设管理专业的本科院校没有突出管理复合型、实践型人才的培养特点，在人才培养的规格、教学内容和课程体系的改革与建设方面尚未取得突破性进展，学生专业综合能力不强，对人力资源管理各环节的专业知识深度仍须加强。

（一）人才培养的时代特征、行业特色不够鲜明

在人力资源管理专业课程设置上，反映信息化的课程并不多，创新能力的培养力度亟待加强。教学内容的更新和充实缺乏时代性，滞后于各行业市场业务的发展。关于行业职业道德素养教育偏少，学生的职业道德意识、服务观念不强，对服务行业的礼仪形象不够重视。

（二）单一的教学类型难以满足学生的个性化学习，不能有效激发学生的学习主动性

由于客观教学条件限制和备课信息量大，教师很难在有限的教学时间内做到因材施教，更无力顾及学生专业兴趣的培养，从而阻碍了学生创新思维的培养。企业对毕业生知识技能的反映是理论知识空洞，跟企业实际需求差距较大，要经过企业"二次培训"才可以上岗，这增加了企业经营成本，减弱了企业的招聘热情。

（三）师资因实践经验不足导致教学方法和教学手段单一

人力资源管理作为一门应用性很强的专业，必须与企业实践紧密联系，现有高校具有企业人力资源管理实践经验的师资严重不足，更缺乏高级人力资源经理型人才，因而在人力资源管理专业的教学任务过程中，多数高校强调理论知识的学习，缺少实际操作能力培养的措施。人才培养模式方面仍普遍遵循"理论学习、集中实践、毕业实习"三步走的传统培养模式，学生实践能力偏弱。多数人力资源管理专业课采用课堂教学方式，较少应用现代教育技术手段。现有教学模式针对能力培养的变革主要关注对原有实践教学

内容的细化和提升，再辅以实验、实训等环节，未能将培养学生系统思维能力建立融入理论学习与实践训练，毕业生仍然无法适应企业对其入职的职业素质或技能的严格要求。

二、立体思维特点及作用

立体思维能力构建强调运用系统思维方式对所认识的事物进行综合考察和分析，是现代经济社会发展的客观要求。传统的思维分析程序是先分析后综合，两者被划分为先后相继的两个环节，因而是一种单向思维。而系统思维的分析程序则是先综合后分析再综合的双向思维模式，其逻辑起点是综合，把综合贯穿于思维逻辑进程的始终，通过逐级综合而达到总体综合，系统、全面考察事物，着眼于全局来认识和处理各种矛盾问题，达到最佳化的总体目标。立体思维能力的构建可以有效地帮助学生形成一个价值取向、知识结构与专业技能训练培养系统，使学生能够在连续、递进的"体验式"训练过程中不断探索、感悟与修正，以形成良好的思维意识和行为习惯，增强决策能力与团队合作精神，最终达到提升学生综合素质与专业能力的教学目的。立体思维能力构建具有以下特点：

（一）思维综合性强

在立体思维能力构建前，学生须具备相应的预备知识体系，涉及管理专业基础课程的学习，如市场营销、财务管理和战略管理等。在人力资源管理的专业知识方面，立体思维模式要求学生能理解企业人力资源管理的全过程，宏观层面囊括了从企业战略导向、职能部门战略和与之对应的人力资源战略，而微观上则涵盖招聘、录用、培训、工作分析、薪酬激励和绩效考核等具体工作环节。因此，立体思维能力的构建过程将迫使学生对管理理论知识体系建立起全面、深入的认识，对知识体系的宏观轮廓有明确的概念。

（二）基础知识全面

立体思维能力的构建要求管理专业的学生已修完本专业全部必修课程，如管理学、市场营销学、基础会计、财务管理和企业战略管理等。如果学生缺乏相关课程的知识，则会在系统思维培养过程的相应环节表现出知识结构缺陷，对人力资源管理专业知识以外的问题理解会相对困难，甚至因知识缺陷而无法理解体系构建中的关键链条，不能看到解决问题所需知识点之间的逻辑联系，这使基础知识的全面掌握成为立体思维能力构建的必备前提。

（三）注重应变能力

系统思维模式的高端要求是根据所掌握的知识体系对现实竞争环境变化做出迅速而正确的反应，如对企业外部政策环境变化、行业重大变动，甚至国内及世界经济周期波动等都要有及时的应对策略，学生必须迅速熟悉这些市场变化并能够做出积极的应对方案。如果学生在立体思维能力构建中存在知识点遗漏，则在思维过程中会出现知识链接的断点，所学知识无法实现网状互通，无法对迅速变化的环境做出准确反应。因此，立体思维能力构建对学生应变力要求较高，并且学生也会在构建立体思维的训练过程中提升对工作问题的反应速度与分析判断能力。

立体思维能力最主要的作用在于可以帮助学生获取以下实践技能：一是理论知识与实践相结合的能力。即通过人力资源管理的专业技能训练，加深对管理专业理论知识的理解和掌握，这是立体思维能力所强调的基础能力。二是掌握企业内部运作机制并熟悉经营管理过程中对人才的配置要求，锻炼和提高实际工作能力。三是通过立体思维能力培养，要求学生在逻辑思维、计划、决策、组织协调、人际沟通、应变和创新方面达到与实践要求相适应的能力。四是具备立体思维能力的人力资源管理专业学生在具备对本专业知识与技能综合运用的同时，还会衍生出对专业领域新问题的创新性分析能力，这是立体思维能力强调的高级能力。

三、构建立体思维能力培养模式

企业作为经济发展主体是一个相辅相成、相互关联的有机整体，需要完成多层次、多方面、多维度的工作，不仅有战略问题，也有战术问题。组成企业的各部分单元只有在整体思维下互相配合，才能实现整体优化，最终实现公司总体目标。而现代企业发展也对员工系统思维能力提出了更高的要求。由于立体思维能力的构建能从根本上培养学生对企业运作的深刻认识能力，因此突破现有传统教学和案例教学方式的瓶颈，构建立体思维能力培养模式，成为人力资源管理专业适应当前人才需求形势发展的当务之急。构建立体思维能力培养模式必须突破成规，围绕"四种革新"展开，即教学理论革新、教学内容革新、教学方法革新和教学手段革新。

（一）教学理念革新

大学生实践教学是理论教学的继续、扩展和深化，人力资源管理专业的实践教学应更加注重理论知识的运用和创新，并着力建设与理论教学相平等的相对独立的实践教学体系。但这要求对传统教学理念进行全面革新，从以课堂、教师、教材为中心向以学生、学习、效果为中心转变，从要求学生记忆信息到激发学生主动寻找、利用、创造信息转化，积极改善学生的思维习惯与学习行为，发掘和培养学生的创新能力，尤其要求学生注重对基础知识的学习和掌握。

（二）教学内容革新

现行教材都具有一定的滞后性和局限性，人力资源管理专业的教学内容创新就是要教师在使用教材时对教学内容进行改造，突出教学教材的"四化"，即教学内容的背景化、教学内容的过程化、教学内容的新颖化和教学内容的应用化。教学内容的背景化是指教学内容与其产生的社会背景、时代背景、科学背景和知识背景等相适应。教学内容的过程化是指教学内容产生、发展的过程，即教学内容是如何产生、如何发展的？发展到了什么程度？还会怎样发展等。教学内容的新颖化是指教学内容要与时俱进，在认真选择教材中教学内容的同时，选择吸纳与社会经济管理现实发展最密切相关的最新的科研成果，尤其是近五年来国内各行业标杆企业的人力资源管理案例素材。教学内容的应用化是指教学内容与社会生产、生活、发展的联系程度，即教学内容最终要能够帮助学生思考问题、解决问题，实现学以致用。

（三）教学方法革新

高校人力资源管理工作要与人打交道，对学生的教学方式应该灵活多样。由于人力资源管理的实务要求经验性很强，如果学生头脑里缺乏系统思维模式，则无法将所学课程总结归纳为完整的知识系统。人力资源管理专业教师引导学生建立的立体思维能力，要求学生必须具备管理类专业基础知识，并将其升华到企业发展战略的高度，将人力资源战略与企业整体战略对人才的储备要求保持一致。正因如此，人力资源管理专业的教学方法也应该采用启发式讲授、分组讨论、实战模拟、角色扮演和专题讲座等方式，鼓励学生勤于思考、踊跃发言，鼓励学生发散性、创新思维，不要自我设限，培养学生养成对所经历的事件进行归纳、总结的习惯。教学效果的好坏可以以企业实训要求为考核标准，模拟企业人才管理全过程对学生所学知识的运用能力进行全方位考核。教学方法将角色扮演、案例分析和专家诊断融于一体，将有利于营造学生在学习中实践、在实践中学习的能力培养氛围。学生在理论学习与能力锻炼过程中所遇到的面试与录用、人才测评管理、职业生涯规划、薪酬管理、绩效管理等多个人力资源管理方面的现实问题均可在教师引导下独立寻求答案。

（四）教学手段革新

高校培养学生立体思维能力要求教学内容和教学方法相匹配，并且综合运用课堂游戏模拟与多媒体、远程信息化教学手段。高校应通过理论学习、模拟演练、管理行为模拟等多种形式，在虚拟环境中模拟企业人力资源管理全过程，将经营过程以游戏方式进行模拟，并让学生亲自实践，可以极大激发学生的兴趣。教师通常要求学生在较短时间内对企业复杂多变的生存环境，结合业务流程、团队建设、经营决策的实践内涵，对人力资源规划在企业的执行过程进行深刻了解并做出影响企业发展的人才决策，这促使学生必须全神贯注地进行思考，对所学课程知识进行复习、回顾，从而达到强化学生加深知识理解和运用的能力，为其未来人力资源管理职业生涯奠定重要基础。

企业战略是企业发展的顶层设计，而立体思维能力正是指导人力资源管理专业教学改革的高端理念。管理专业教学改革的本质在于从国内教育体制实际出发，不增加学生负担，有效地利用学生在校学习的时间，通过对课程设置的优化调整，从全局和整体的角度增加思维能力的培养、训练时间。在立体思维能力的框架下，学生在模拟企业人力资源管理的各环节过程中，能从企业发展战略的全局高度将科学管理规律与企业实践经验相结合，融合企业市场定位、制订人力资源规划，提高对人力资源管理专业知识、技能的宏观把控和综合运用能力。因此，将立体思维能力构建作为人力资源管理专业教学改革的理论先导，将是提升我国人力资源管理领域专业人才质量的重要路径。

第七章　高校人力资源管理的实践应用研究

第一节　高校人力资源管理在移动互联网中的应用

移动互联网时代的来临为高校人力资源管理的发展提供了新的契机。利用移动互联技术，在岗位分析、人才招聘和绩效考核等方面进行改革创新，有助于高校提高人力资源管理水平。

一、移动互联网的特点

移动互联网是移动通信和互联网二者的结合体，是指互联网的技术、平台、商业模式和应用与移动通信技术结合并实践的活动的总称。截至2016年1月，全国移动互联网用户总数达到9.8亿户，在移动电话用户中的渗透率达73%。手机是第一大上网终端，九成以上的网民用手机上网，用户达到9.3亿人。其特点有：

（一）高便捷性

一是由移动数据业务、无线局域网、无线宽带等构成的立体网络实现了无缝覆盖，移动终端可以通过上述任何形式联通网络；二是移动互联网的基本载体——移动终端形式多种多样，成了人体穿戴的一部分，使用十分方便；三是人们可以充分利用生活、工作中的零碎时间接收和处理来自互联网的各类信息，且不会错过重要信息和时效信息。

（二）高隐私性

移动互联网用户的隐私性可以被更好地保护。一方面，移动互联网基于移动位置服务（Location Based Service，简写为LBS）使其具有可靠的定位性和定向性，不仅可以定位移动终端所在的位置，还可以根据移动终端的运动趋势预测出用户的行动轨迹。另一方面，由于移动终端个性化程度较高，移动互联网为其提供了精准的个性化服务。最后，通信运营商与设备商采取了更为先进的技术，保障了移动互联网终端应用在数据共享时不仅可以有效地认证客户，还可以安全地传递信息。

（三）高应用性

移动互联网为用户提供了便捷的解决问题的方法，除了语音通话外，越来越多地加入了感触功能。屏幕感触、二维码扫描已经成为常态，重力、磁场与温湿度可以感应，甚至是人体的心电、血压和脉搏也都可以感应。

二、移动互联网时代高校人力资源管理的发展趋势

（一）移动互联网时代的特点

1. 移动性

移动性是移动互联网时代最重要的特征，使得人们的活动更加自由，无论何时何地都可享受移动互联网提供的服务。

2. 差异性

卖方市场更加注重用户的体验，产品的互动性和人性化服务越来越多地影响着客户对产品的认知度。差异化经营策略可以给用户提供更好的体验，提供具有个性化的产品和服务，延长企业的生命周期。

3. 社交性

社会化的属性决定了人无法长时间离群索居，他的社交能力常常与他的社会认可度成正比。基于移动互联网的高便捷性和高隐私性，各种社交网络蓬勃兴起，如微信、QQ、微博等成了我们生活中不可缺少的一部分。移动互联网使虚拟空间的现实感越来越强，现实空间与虚拟空间的差异正在逐步减小。

（二）移动互联网时代高校人力资源管理的发展趋势

1. 从高校"管理人员"转变为决策层的"战略伙伴"

高校制定战略就是为了应对事先未知的、突发的各种状况，并在时代变革中保持旺盛的生命力，不断发展。为了适应高校发展的需要，人力资源管理不再只关注传统的事务性工作，而是更多地参与到学校战略的制定中来，通过对相关政策的执行情况和数据分析等方式为决策层制定学校战略献计献策。人力资源战略已经成为高校战略的重要组成部分。

2. 树立"大人才"观念，采用多种方式做到"人尽其才"

在移动互联网时代，衡量一个高校是否有竞争力要看有多少人才为其所用。移动互联网的广泛使用使得"自由人"越来越多，人才流动频繁，高校拥有人才的成本变大。人才的价值体现在其拥有的知识上。高校只要拥有知识，管理好知识，将人才的知识与高校的发展有机结合起来，即便将来人才流失了，他的知识也会留下来。

3. 管理方式从粗放转向精细化

精细化管理是现代人力资源管理的必然要求，它以常规管理为基础，主要目标是最大限度地减少所占用的管理资源并降低管理成本。传统的高校人力资源管理是粗放型的，不注重人的特质，用高校的需求制定各种政策，迫使教职工去适应这些条条框框。在移动互联网时代，个人特性凸显，高校更加注重人力资源管理的细节，在制定制度、工作流程和工作模式等方面尽可能满足不同教职工的需要。

4. 依靠大数据制定人力资源管理决策，并对人力资源的价值进行计量管理

依靠大数据制定人力资源管理决策，并对人力资源的价值进行计量管理，已经逐渐成为高校人力资源管理的核心。利用移动互联网，高校很容易掌握大量人事相关数据，如薪酬水平、出勤率、离职率等。依据这些数据，人力资源管理部门可以对未来的人才发展趋势进行预测，制定相应的策略，为高校制定决策提供比较客观的依据。数据化还使得高校更加注重信息化建设，将人力资源管理变得更为简便快捷，降低了管理成本，从而使人力资源管理者有更多的精力和时间投入到组织发展和战略规划中来。

三、移动互联网在高校人力资源管理中的应用

（一）战略制定

更加关注微小细节，突出自身学科优势，针对目前亟须解决的问题和未来的发展趋势制定战略，以细节和优势取胜。

高校应根据本校发展战略，科学设置岗位。高校可以利用移动的信息管理系统，调动教职工参与的积极性，逐渐实现自我管理。

（二）人才招聘

现在人才招聘的方式除了传统的招聘会、中介公司和网页招聘外，更多地采用微信招聘和云招聘的方式。人们可以随时利用移动终端投递简历、查询应聘进程。此外，人们利用社交圈和云系统可以以更低的成本，快速、精准、有效地找到与岗位要求高度匹配的人才。

（三）教育培训

高校利用大数据分析，可以更快捷、准确地针对不同教职工的差异制订培训规划，提升工作能力；利用微培训可以建立移动的学习课堂，将培训内容编成文字、拍成照片或视频上传到网上，方便教职工利用碎片时间进行学习；利用社交平台可以交流培训体会，分享优秀课程，甚至可以采用学分换奖励的方式，激励教职工参加培训。

（四）绩效考核

设置考核指标、分析教职工绩效差距、评估绩效管理效率等都可以通过云系统实现。另外，在移动互联时代，高校可以对教职工的绩效进行实时跟踪，并能及时反馈，对其绩效进行辅导，达到提升绩效的目的。移动互联技术增加了高校绩效管理的交互性和及时性，使其向着数字化、动态化、互动化的方向前进。

（五）薪酬福利

高校可以利用微校园方便教职工查询薪酬发放明细；利用点击"同意"的方式统计福利发放需求；利用交互系统对教职工行为进行评价，计入绩效考核系统，作为薪酬发放的依据。

总之，移动互联网时代对高校人力资源管理提出了更高的要求。高校应抓住这一时代的机遇，打造一个以内容共享为导向、以用户为中心、基于移动应用软件和微信等第三方平台的人力资源应用平台，不断提升人力资源管理水平。

第二节　心理学在高校人力资源管理中的应用

心理学是研究人的心理现象发生、发展活动的科学，心理学知识的运用为高校人力资源管理提供了一个新的视角。本节通过分析心理学与人力资源管理的相互关系，提出了心理学同管理交叉应用的新型人力资源管理模式。

21世纪是知识经济时代，人力资源管理是高校管理工作中尤为重要的一环。伴随着科学的发展与时代的进步，人们的心理状态也发生了很大的变化，我们要从不同角度进行科学的分析。人才作为高校最重要的战略性资源，其重要性日渐彰显。本节以"人力资源"为研究对象，以"心理学"为研究手段，分析、探讨在高校人力资源管理工作中合理运用心理学的现实意义。

一、高校人力资源管理工作

高校之间的相互竞争在经济全球化的影响下日趋激烈。在这样的背景下，人才是高校竞争中最重要的战略资源，是高校立足的根基和长久发展的不竭动力。高校人力资源的管理工作具有非常重要的现实意义，务必要建立起一种高校与教师互为资本和源泉的合作模式，从而提升人力资源管理工作效率，对高校发展起到积极的推动作用。人力资源管理是一种人性化的管理，是基于人而存在的。心理学不仅针对人的心理变化，而且对管理也有着不可忽视的作用。人力资源管理者要主动鼓励教师积极参与学校的各项工作和相关决策，通过了解学校的发展现状，明晰学校的发展目标，再结合自己的专业特长，把学校发展的大目标转化为个人努力奋斗的一个个小目标，在具体的工作当中制定好计划、步骤和实施方案，为了目标的实现而努力奋斗。

二、心理学与高校人力资源管理的关系

高校和教师之间除了签订的事业单位聘用合同这个契约关系之外，还有另外一种无形的内在关系，叫作心理契约。它指的是一种心理期望，具体就是教师对工作环境、薪酬待遇和岗位职责、工作任务、考核办法的期望。人的心理变化会对人的行为态度产生巨大的影响，因而心理学同高校人力资源管理工作之间存在着交叉点。在日常工作中，高校教师的心理健康状态已经成为人力资源管理工作的一个重要方面。高校应从管理心理学的角度出发，通过选拔一批价值观和高校办学理念一致的员工，再运用高校价值观来制定科学的管理方向和方法。任何目标的实现不可能都会一帆风顺，在奋斗的过程中一定会遇到各种各样的难题，这就需要高校人力资源管理者适时对教师们进行相应的激励。在物质和精神的双重激励下，高校教师一定会不畏困难，努力奋斗的。

三、心理学在高校人力资源管理中的应用

（一）心理学在招聘工作中的应用

实现管理目标离不开体现其核心能力的人力资源，人才就是发展的最有效保障。招聘工作是高校人力资源管理顺利开展的重要前提和基础，具有非常重大的意义。高校人力资源管理者是为高校选拔招聘人才的重要人员，如果具有较好的心理学素养和技能，就能精准、高效地为高校招聘到最合适的教师人选。在招聘环节，通过运用一些心理学研究成果，可以使招聘流程更规范化，还可以进行更直观的分析测评，能够有效地减少心理学中的"卷入"效应。在招聘工作中，还可以引入具体工作岗位所需要的相关心理资本分析，并根据对应聘者进行心理状态考察情况的分析结果确定录用人员，可以有效地降低招不到"对的人"的风险，将最大限度保证对应聘人员客观与准确的评估，极大地提高招聘质量和水准，甄选出最适合高校的人才，为高校更高、更远的发展提供可靠保障。人才本身必须具备能够与高校绩效考核管理紧密相关的资源或要素，这些心理资本不仅可以帮助教师所在的高校在市场中占据竞争优势，还可以促进教师个体的积极发展，是心理资本研究中最直接的因素。

（二）心理学在职业培训中的应用

从心理学方面分析，教师愿意在高校勤勉工作的原因，除了工作职位所提供的安全保障外，还有工作可以满足其对于社会交往的一些需求。他们通常希望自己充满自信，希望在工作中可以获得持续、系统的职业培训，不断地提升自身的学习能力、创造力和解决问

题的能力。伴随城市化发展进程的不断推进，生活、工作节奏的加快使人们的心理压力不断增加，有一些高校教师表现出心理承受能力不足的情况。高校应结合教师的实际情况，为他们量身打造培训计划，创建适应各个阶段、各个层次教师需求的职业生涯培训体系，具体的培训内容应当涵盖教师的职业技能、工作状态、团队建设、时间管理和心理健康等方面。培训取得的良好成效将有助于提升教师的积极心理状态，激发教师的工作积极性，使其更好地投入工作。在绩效考核中，不管是绩效考核计划还是绩效的评估都要保持公平。公平公正的感觉对于教师的心理状态会有很好的稳定作用。高校可以为教师的自我提升提供环境、资源等各方面的支持，确保教师具有积极的心态，从而提高教师的工作积极性。

（三）心理学在薪酬设计中的应用

依据马斯洛的需要层次理论，在工作当中通过个人的劳动付出取得相应的薪酬，这满足了教师的安全需求、对于尊重的需求和自我实现的需求。高校在进行薪酬设计时一定要充分考虑外部竞争性和内部公平性。薪酬设计方案应与各层级教师心理预期相匹配，符合学校实际情况的相对个性化的教师发展激励方案，可以更好地发挥教师的主观能动性。激励是一个长期持续激发动机的心理过程，高校可以采用有效的物质和精神等多个层面的激励方式。物质激励主要是指采用薪资、奖金或福利等货币形式直接激励，对收入增加的期望会使教师更加积极主动，让高薪和高绩效结合。精神激励方式更为多样化一些，可以通过提供更好的工作环境、进行专业培训、领导行为激励等多种方式进行。从心理学的角度看，全面合理的薪酬体系除了包含各种物质收入以外，还必须包括员工的心理收入是否得到了及时、有效的满足。高校可以根据本校教师的"心理资本"进行嘉奖。一是可以创新工作内容，组织各种内容丰富多彩的业余文化活动，增强校园文化氛围，使员工得到心理上的极大满足。二是把"心理资本"作为报酬评价体系中的一个重要的具体因素，在考虑教师的工作技能、努力程度和具有的基本工作条件的基础上，将其纳入其中。

（四）心理学在教师职业生涯规划中的应用

绩效的好坏与能力和动机的激发程度有着密切关系。对于高校教师来说，工作的动机越明确，工作的成效也就越显著。在制定人力资源工作的激励政策时，高校需要找到符合个人兴趣的奋斗目标，在短期内以此为动机来激励高校教师，除了能够有效地提升绩效，还能够提高教师的知识技能、心理品质和自我成就感等。在进行人力资源管理"顶层设计"时，高校可以通过引入心理学理论方法，挖掘教师的心理素质与潜在素质，尽可能满足教师合理的心理需求，将每个教师的个性化培养方案与学校发展的共性需求相结合，将教师的个人发展需求与学校的发展目标相结合，将教师职业生涯发展规划与人力资源管理的具体考核指标相结合，最大限度地发挥人力资源管理优势，以细节管理留住人才。人力资源管理部门要进行的工作就是结合高校现有的各种规章制度，在此基础上使教师与学校能够产生良好的互动，想方设法提升教师的心理健康水平，使他们在市场竞争中能够占据更为有利的优势。在有效提升教师工作积极性的同时，对他们的心理满足进行嘉奖是一种行之有效的手段，能够使高校教师具备乐观自信、和谐共处、积极向上和努力奋斗的优良品质，成为能够满足社会发展需要的新型教学科研团队。

高校将积极心理学的研究成果运用于现代高校人力资源管理，加大研究分析力度，推进心理学的科学合理应用，制定一些科学合理的激励政策激发教师的内在潜力，营造乐观积极的团队工作氛围，可以有效地提高教师工作的积极性，提升工作幸福感，激励教师更好地开展教学和科研工作，从而推进高校人力资源管理工作的顺利开展。

第三节　绩效考核在高校人力资源管理中的应用

在高校教学改革与管理创新的过程之中，人力资源管理备受关注。人力资源管理是高校内部管理的重要组成部分，对丰富管理内容、改革管理模式、提高管理质量和效率意义重大。为了摆脱传统人力资源管理模式的阻碍，许多高校开始重新调整管理策略和方向，将绩效考核纳入管理体系之中，以此来保障人力资源管理工作的大力落实。本节站在宏观发展的角度，将理论分析与实践研究相结合，了解绩效考核在高校人力资源管理中的具体应用，以期为高校的稳定建设和发展提供更多的依据和借鉴。

作为人力资源管理的重要组成部分，绩效考核对提高管理质量和管理效率意义重大。高校人力资源管理工作所涉及的内容和形式相对较为复杂，管理难度较大，对工作人员是一个较大的挑战。管理层需要以绩效考核为突破口和切入点，重新调整管理思路和路径，明确新时代背景下高校人力资源管理工作的新内容、新要求和新标准，以绩效考核为依据，为后期的人力资源考核评价提供有效的参考，构建完善的人力资源管理模式。

一、绩效考核与高校人力资源管理

人力资源管理最早是应用于企业的发展和运营之中，是企业管理的重点和核心。与其他管理内容和形式相比，人力资源管理所涉及的环节较为复杂。其中，绩效考核是非常关键的考核制度。通过绩效考核，企业能够了解员工的工作能力和工作水平，进而为后期的工作安排提供一定的借鉴和依据。因此，许多企业以人力资源管理中的绩效考核为重点和难点，将绩效考评作为加强管理层与员工之间联系和交流的重要工具。在推动教学改革时，有一部分高校也将人力资源管理理念应用在内部管理机制之中，但是学校与企业的发展模式与内部管理机制存在一定的差距，管理目标、管理使命和管理宗旨有所区别。因此，在利用人力资源管理理念的过程中，高校需要综合考虑不同的影响要素。

绩效考核对提高管理质量和管理效率意义重大。高校在推动人力资源管理与创新时，可以坚持绩效考核的主阵地，构建完善的考核评价管理体系，积极借鉴企业的成熟做法和经验，结合高校教育教学管理的现实条件进行有效的调整和优化升级，制定不同的教师考核评价政策，只有这样才能够更好地体现学校内部教育管理的重要特色和优势，充分发挥人力资源管理的推动作用和价值，确保教职员工能够获得更多的满足感和认同感。

二、高校人力资源绩效评价体系

结合上文的相关分析不难发现，人力资源管理和绩效评价都是高校教学管理和内部管理创新中的重点和难点。从目前来看，有一部分高校所设置的管理目标比较复杂，缺乏详尽且具有一定针对性的发展目标，最终导致许多教职员工的积极性不高，同时还出现了消极应对的情绪，严重阻碍了教职员工的发展。一般来说，高校主要以教师考核为依据，通过不同模块的分析和研究来调整管理思路，具体考核教师的教学能力基本情况、自我考评和科研成果。如果直接以简单的考核指标罗列为依据，就会严重打消教职工的工作积极性，导致教职工非常消极和恐惧，长此以往，就会使得个人的工作效率持续下降。

学术界和理论界在对这种考核指标体系的设计方式进行分析时也曾明确提出，如果实质的指标过于详细和复杂，就会导致整个考核成绩非常僵化和落后，严重束缚了员工的创造性，与前期的人力资源考核目标背道而驰。因此，我国高校需要注重人力资源绩效考评体系的进一步升级和优化，保障考评体系能够获得一定的群众基础，将个人意愿与教育教学能力的考核融入其中。根据学校的实际需求以及教职员工的工作能力进行综合的评价，只有这样才能够更好地体现评价的针对性、客观性和全面性。其中考评指标的制定是一个长期性的过程，管理者需要注重主观意识和客观经验的分析和研究，加强与其他管理部门之间的联系和沟通，通过横向对比和纵向分析来了解实质的工作情况和工作成果，只有这样才能够尽量避免工作效率的下降。

三、绩效考核在高校人力资源管理中的应用策略

为了避免上文中所出现的各类不足，我国高校必须重新调整人力资源管理方向和策略，关注绩效考核的应用要求和方向，明确新时代背景下高校人力资源管理工作的核心和要点，以此来更好地调整后期的管理思路和管理路径，保障管理资源的合理配置和应用。

（一）注重多元化的考评方式

绩效考核对人力资源管理者提出了一定的要求。为了突出人力资源管理模式的重要价值，高校管理者必须注重多元化的考评方式。如果以重点业务为考评对象，那么首先需要以考评组的组合为依据，关注不同考核指标的具体内容和形式要求，其中直属领导也可以参与整个考评过程之中，着眼于考核工作的现实条件了解日常工作的落实情况。前期的领导考评和重点考评是基础，后期的员工互评是重要的辅助，只有实现不同的考评方式之间的多元化整合，才能够更好地了解员工的工作态度和工作能力，保障后期工作决策的科学

性和针对性，让每一个工作人员都能够产生更多的工作动力和工作兴趣。从另一个层面上来看，高校人力资源管理必须以一定的创新性元素为依据，关注绩效考核对教职员工的和吸引力，了解不同考核方式的优点和不足，真正实现扬长避短和优势互补。需要关注的是，传统的考核方式也存在一定的优点，不可能完全摒弃。因此，学校需要注重客观合理地分析和解读，留出一部分的时间和精力了解各种考核方式的具体内容和操作要求，既需要注重现代化考核方式的应用，又需要在继承传统的基础之上进行不断的创新和优化升级。只有这样才能够保障人力资源的合理配置和应用，实现人力资源管理模式作用的有效发挥，保障不同考评方式都能够发挥出相应的作用和价值，为高校人力资源管理工作的大力落实奠定坚实可靠的智力基础和依据。

（二）加强考评者与被考评者之间的联系和沟通

绩效考评是一个长期性的过程，所涉及的内容比较复杂，同时会直接影响人力资源管理的效率和质量。为了实现不同管理资源的合理配置和利用，保障绩效考核质量和水平的稳定提升，学校需要注重考评者与被考评者之间的联系和沟通，了解考核者的真实意见和想法，分析这些想法的现实性和可操作性。传统的考核方式以领导者的主观决定为依据，没有给予员工更多自主参与和表达个人真实意见的机会和平台，最终导致员工非常消极和被动。为了尽量避免这一不足，我国高校管理者需要关注人力资源管理工作重难点的分析和解读，将一部分考核的权利给予被考核者，让被考核者也能够参与到整个考核的环节之中，这一点能够为人力资源管理模式的改革提供一定的依据。另外，创造性的考核机制和绩效考核方式产生了一定的变化。学校领导需要重视灵活的调整和分析，关注绩效考核的新变化和新内容，着眼于高校人力资源管理的分析和研究成果，更好地实现各项管理模块的大力落实。

（三）合理运用信息化手段

信息时代的到来能够有效地突破时空的限制，为人力资源管理模式的有效创新提供更多的依据和技术支撑。在落实绩效考核的过程中，高校人力资源管理者必须了解信息化手段的应用要求，构建科学、完善的人力资源考核管理制度，通过现代化工具的有效应用来实现管理资源的合理配置和应用，营造自由、宽松的考核氛围。其中，人力资源考核和评价体系的系统化发展和运作所涉及的内容比较复杂，管理者需要提高自身的管理理念，注重各种信息手段应用要求的分析和解读，真正实现熟练运用和灵活地调整，只有这样才能够为学校的发展壮大提供更多的依据，摆脱传统人力资源管理模式的束缚和影响，积极地发挥人力资源管理工作的重要价值和作用。

在高校人力资源管理的过程之中，绩效考核非常重要，学校管理者需要注重绩效考核工作的大力落实，以多元化的考核方式为依据，积极促进各项管理工作的大力落实。

第四节 项目管理在高校人力资源管理中的应用

高校内部治理中的一项非常重要的内容就是人力资源的管理。高校人力资源的管理涉及很多的环节和内容，具有非常明显的复杂性和系统性，管理的效果将直接影响高校各个环节和整体的运营效果和质量。因此，高校必须重视人力资源管理。基于此，下面讨论项目管理在高校人力资源管理中的应用，以供参考。

人力资源管理最重要的组成部分就是项目的管理，其与人力资源管理二者之间是相辅相成、密不可分的重要关系。只有将项目管理有效地运用到人力资源管理中，才可以更好地发挥人力资源管理的效用，推动企业的全面进步与发展。

一、浅析项目管理与人力资源管理

（一）项目管理的概念

项目管理是众多管理的一个分支，主要是运用独有的知识与技能，利用一定的方式、方法和模式，对整体项目开展过程中的问题进行及时、有效的解决，进而达到提升整体工作效率的作用。项目管理在运用过程中，需要在规定时间和规定资源界限内完成项目目标，高效开展工作。

（二）人力资源管理的概念

人力资源管理主要是一种将人文主义精神与经济学思想相结合的管理模式，在工作中以人的思想认知为主要核心。人力资源管理的工作范围较为广泛，不仅是对内部员工进行招聘、筛选和培训，还需要对公司的文化进行宣传，对员工的薪酬进行设定。

二、项目管理在人力资源培训管理中的应用现状

（一）人力资源管理退出机制不健全

在传统的人力资源管理模式下，通过适当的方式减少人员的流动，能够使人员结构的稳定性得到相应提高，在一定程度上留住了人才，但也造成竞争力下降的现象。适当的人员流动能够促进内部管理制度不断趋向于合理，为企业注入新的生机与活力。当前，高校人员的退出与留任等做法比较片面。高校在招聘教师时，需要经过层层选拔，消耗一定的人力、物力与财力，最终选择比较优秀的人才，聘用人员的质量通常是有保障的。在长期的教学中，教师非常容易出现教学僵化、方法单一等现象，但是，由于缺乏完善合理的退出机制，在没有重大过失的情况下，学校不能像企业那样对教师进行辞退。

（二）项目管理重视程度不够

现阶段企业之间的竞争主要是人才之间的竞争，但是现在大部分企业都没有认识到人才在经济社会发展中的重要作用，同时也忽视了人才在企业项目管理中的重要引导作用。项目管理与企业人力资源管理未能进行有效的结合，导致项目管理在企业人力资源管理中的应用仅仅停留在表面的认知层面，思想观念与管理模式较为落后，难以满足企业长足发展的需求。

三、项目管理法在高校人力资源管理中的应用

（一）促使高校教职工产生竞争意识，进而为社会提供所需的经济人才

虽然高校是传递知识和培养人才的地方，但是也需要给教职工一定的竞争压力，才能促使他们发挥聪明才智，使他们产生良好的竞争意识，并不断提升自己的科研能力，进而为社会经济的发展培育出专业化的经济人才，最终将自身的教学引导能力转化为社会经济效益。在实际教学工作当中，高校要想促进教职工产生良性的竞争，就必须让教职工产生工作的动力，使其愿意投入具体的教研工作之中，从而为人才的培养输出力量。其中，项目管理应用于人力资源管理工作具有一定的意义，有助于促使高校教职工产生强烈的竞争意识。项目管理结合了管理学的有关知识和内容，通过制定管理目标做好人力资源管理工作。

（二）有利于优化人力资源管理工作，稳定社会经济的发展秩序

随着项目管理方法的运用，人力资源管理工作显得更加重要，使得管理工作更加明确和具体。比如说，项目管理过程包括了计划、组织和控制等环节，将人力资源管理工作安排得清晰明了，有助于提升管理的质量和水平，这对优化人力资源管理工作具有一定的促进作用。高校人力资源管理工作得到了优化，能够促使学校人员管理的稳定，从而构建良好的教学基地，让学生能够充分融入课程的学习，使之成为对社会有用的人才。只有人力资源管理工作得到优化和完善，才能让校园环境变得更和谐、更具生命力，并为社会不断输出人才，从而保持人才供应的不间断，进而发挥人才的力量来构建社会经济环境，以维护好社会环境的稳定与发展。

（三）有助于提升人力资源管理的工作效率

高等院校的人力资源管理工作涉及学校内部所有的教职员工，对于院校的多方面管理工作都有所涵盖，包括在职培养、基本信息、人员配置和考勤考核等。因此，此项工作是非常繁杂的。在实际管理工作中，大多数工作都是对数据信息的重复整理与收集，这部分工作是非常关键的，需要花费工作人员大量的时间与精力。人力资源信息化管理可

以充分发挥信息技术的作用,能够更加智能化、信息化地对内部信息数据的采集、统计、整理与应用等工作进行有效管理。如此一来,相关的工作人员就能够更加快捷、更加便利地获得各种统计结果,从而摆脱繁杂的信息数据工作,将更多的精力和时间花费在组织实施和总体规划等工作中,进而使得人力资源管理部门更加高效、更加优质地完成工作任务。

四、在人力资源培训管理中应用项目管理的有效策略

(一)确保人才队伍稳定

高校要保证稳定的教师队伍,这也是稳定人才队伍,即人力资源的关键。一是要给广大教师创造优雅、舒适的工作环境。保证教师的住房、用电和用水,这是生活的首要保障措施。二是给广大教师提供较高的薪资、福利待遇。首先给教师提供保障生活的基本薪资待遇。其次要建立体现多劳多得的绩效工资体系,工作有能力、有作为、能上课,多奉献的教师,深受学生欢迎的教师,必须得到较丰厚的绩效薪资待遇,这也是稳定教师队伍的关键。三是要保障教师养老保险金、工伤保险金、医疗保险金、失业保险金、生育保险金和住房公积金的正常缴纳,即学校要保障广大教师"五险一金"的正常缴纳,保障他们享受正常的晚年生活,这也是稳定广大教师队伍的关键。四是给广大教师提供专业进修、人才培养、出国访学、职称晋升的机会和平台,这也是稳固教师队伍、教师人才、人力资源的有力举措。

(二)建立健全科学、合理的人才激励机制

高校的人才队伍包括教师、干部和后勤人员三大人才队伍。学校要生存、要发展,就离不开这些人才。学校要想发挥好这些人才的重要作用,就要制定科学合理的激励机制和竞争机制,如建立学校评选优秀教师、优秀教育工作者办法以及其他各类先进的评选办法等,这也是开创人力资源的很好的举措。

(三)岗位设置与晋升管理

在高校管理制度下,岗位编制以事业编制设定,岗位的限制条件较多,受当时人事管理、学历、身份(工人编制、干部编制)等限制,使得大多数员工在入职后很快就失去对工作的进取心,导致其工作懈怠。人力资源管理工作实质归属于企业运行的范畴,学校在激励和职级设置中较为实际,在员工的任用与选拔中更加注重员工的贡献力度,对员工的激励与前进设置更为现实,可以更好地防控"道德风险和逆向选择"。

总之,我们需要科学运用项目管理方法,优化和提高高校人力资源管理,提供必要的人才支持来促进社会经济的发展,以实现其内在的经济效益。

第五节　基于 J2EE 的高校人力资源管理系统开发与应用

随着当前社会发展进程的不断加速，以及信息化技术的不断创新和研发，各行各业对于人力资源的管理都尤为重视。在学校的教育事业发展进程中，各大高校的人力资源管理工作也亟待系统性地开展。本节通过分析基于 J2EE（Java 2 Platform Enterprise Edition）的高校人力资源管理系统，阐述其主要的系统功能性，以期能够为高校人力资源管理工作开展提供可参考理论依据。

在当前各行各业对人力资源进行管理的诸多模式下，通过有效借助人性化管理重视成员具体工作开展进度，有效减少了工作开展中的约束因素，在一定程度上加强了主体之间的交流。该系统的主要功能体现于有效地完成了系统性的信息收集、存储、分析和报告。主要的作用就是有效地实现了人力资源的进一步规划，通过针对性地创设相关档案资料，可以实时地完成对相关情况的查看。

一、高校人力资源管理系统开发功能需求

本研究主要是针对基于 J2EE 的高校人力资源管理系统，完成系统性开发和功能满足。该系统的主要应用目的是有效地实现高校的人力资源管理，更好地对信息管理系统性结构进行描述。该系统主要满足的系统性开发功能包括以下几点：

（一）新增教职工的信息录入

该功能主要应用于高校出现新增教职工的情况下，能够依靠该系统有效地完成新增教职工的信息登记及相关信息的录入。

（二）上报教职工信息

该功能版块主要应用于在完成教职工信息的录入之后，将相关信息向学校完成上报审批。

（三）实现教职工的审批

该功能主要应用于学校可以针对各个班级之间的新增教职工相关信息进行综合审批。

（四）能够有效地查询教职工的相关信息

在以上功能完成相关信息录入后，通过该功能可以有效地查询相关信息状态。

（五）有效地完成对教职工信息的修改

该功能主要实现各个级别的不同用户，依照自己的实际情况和系统使用权利，有效地修改该系统中的相关教职工信息。

（六）教职工的信息删减

该功能主要实现了各个级别的使用者可以依照自己的系统权限，对教职工的信息进行删减。

（七）教职工的权限管理

该系统功能主要实现各个级别的使用者依照自己的系统使用特权，有效地完成相应的权限管理。

（八）教职工的部门管理

该系统功能可以有效地对教职工所在部门的相关信息完成相应的删减和增加管理。

二、基于 J2EE 的高校人力资源管理系统设计

（一）系统功能结构设计

人力资源管理的组织结构主要应用于学校的人力资源部门、学校的人力资源管理部门和学院的各个人力资源管理部门三种不同的层次。其中，以教学的业务为核心，从而以区域网作为该系统的主要管理结构。该系统结构能够有效地实现系统功能需求，让各个学校有效地在不存在专线的情况下，完成相应的统一数据库管理分析，并且能够有效地完成相应的系统性查询分析。基于此，本节主要研究 B/S 结构完成，主要将该系统分成了三个组成，用户经由浏览器所完成的相应系统服务器访问、具体的服务器应用和相关信息数据库的交互数据获取。

（二）功能版块划分

依据上述的相应需求，针对性地设计基于 J2EE 的高校人力资源管理系统功能版块。整体的系统结构主要包括了九大管理层类：教职工管理、教职工信息录入管理、教职工审批管理、修改执行管理、教职工权限管理、教职工培训管理、教职工惩奖管理、部门信息管理和人员权限管理。

（三）运行设计

研究采用 B/S 结构，以超文本传输协议（HTTP 协议）和相应的服务器来完成相关业务的处理。超文本传输协议主要的存在形态是一种短连接，而不能持续地将此种状态保存于客户端，所有的主要业务状态都是可以基于服务器来完成的，进而由服务完成相应结果的返回。要想完成相应的信息录入，需要经由两个步骤来完成：通过在 Page1 中完成相关数据的录入，完成录入后点击信息提交，由系统服务端进行处理；由 Page1 完成信息的验证之后，数据就会提交 Page2；完成对 Page2 的提交信息处理之后，浏览器的相应界

面就会再次刷新。如果上述步骤的验证并未能够有效地保障信息的准确性和有效性，那么在 Page2 中就会针对相应的数据信息完成进一步的验证，并且将信息提交到后台，保证 Page1 不会出现刷新的情况。该系统主要采用的程序包括：通用的时间控件 rlCtrl、通用的 Java 类 submit.java 程序、系统发生出错情况时主要应用的 System.out print（）函数，从而有效地保障了系统的应用有效性，减少了错误信息的上报情况出现，更加高效地实现了基于 J2EE 的高校人力资源管理系统开发与应用成效。

通过针对高校的人力资源管理工作的开展情况，针对性地构建基于 J2EE 的高校人力资源管理系统，有效地构建了统一化的系统网络平台，更加高效地实现了学校各个班级之间的信息交互和共享。本次系统的试运行获得了有效的效果，证明该系统具有一定的实用性。

第六节　"柔性管理"理念在高校人力资源管理中的应用

伴随我国高等教育事业的快速发展，在当前全球化、信息化社会深入发展的今天，高校要想真正提高教育质量和竞争力，必然需要在人力资源管理中具有相应的动态匹配性。基于这种发展要求，高校在管理时，要将"柔性管理"渗入人力资源管理中。在高校的发展过程中，人力资源是其发展最为关键的要素，直接影响着高校运行的各个方面。高校要在复杂多变的环境中实现管理水平提升，实行人力资源管理的"柔性管理"是必经途径。

一、"柔性管理"的内容阐述

将"柔性管理"应用到人力资源管理中，通常被人们称为"人力资源柔性管理"，其与传统的刚性管理思想有较大的不同，甚至可以说是背道而驰。通过这两种迥然不同的管理模式的发展，不难发现当前社会管理理论的发展趋势。人力资源柔性管理从本质上更加注重弘扬人性，以人为本，不再单单依靠硬性法规和规章制度，而更加关注员工对组织产生的认同感。高校强调人力资源柔性管理，有助于推动教职工自觉、主动地实现自身发展目标，并且将个人的发展愿景与组织的发展目标相结合，更加有助于培养高校教职工的创新思维和自我管理的主动性和积极性。在人力资源柔性管理模式下，教职工对于高校的信任感与忠诚度也会有所提升，进而在促进教职工实现自我管理的过程中推动了高校管理水平的提高。此外，高校将"柔性管理"应用到人力资源管理中，在促进教职工实现自我管理的同时，也会影响高校的组织绩效。高校在实施人力资源柔性管理的过程中，能够为教职工的自我发展提供良好的机会。而实践也证明，充满柔性的人力资源管理系统更有助于教职工适应能力的提升，能够产生正向效应，有助于教职工参与高效组织战略目标的实现。

二、在高校人力资源管理中应用"柔性管理"的重要性

将"柔性管理"应用到高校人力资源管理中是应对多边外部环境的必然要求。知识经济化和信息网络化的快速发展，给高校发展带来的影响越来越大，这在一定程度上导致高校所处的社会环境也发生快速变化。面对社会发展的快速变化，高校作为培养社会人才的重要场所，其相关管理也需要随之发生改变。人力资源管理作为高校管理的重要组成部分，其管理水平的高低直接影响着高校的教育质量和发展目标的实现。"柔性管理"这种新模式的提出，在一定程度上有助于高校人力资源管理适应动态变化的社会环境。

面对日益激烈的日常竞争，高校将"柔性管理"应用到人力资源管理中，能够促进高校提高核心竞争力，培养适应社会需求的人才。经济全球化的快速发展使得社会需求发生快速变化，这要求高校培养的相关人才与社会需求的岗位有较高的匹配度。通过提高这种人才与岗位的匹配度，能够有效地提升高校的市场竞争力，促进高校毕业生增加就业机会，实现人生价值和个人发展目标。

三、"柔性管理"在高校人力资源管理中的应用分析

高校应在实施人力资源管理活动时，通过弹性招聘政策和绩效薪酬机制的建立和完善，使得高校人力资源中的柔性管理，在经济社会的快速发展中，成为一种能够创造收益的优势资源，具有较强的社会竞争力。当前我国正处于转型发展时期，社会发展对于知识型人才的需求量越来越大，对于人才的质量要求也越来越高，这在一定程度上使得社会人才的流动性不断加强。基于这种发展背景，高校可以在人才引进中实施柔性招聘和动态薪酬管理，不再依靠传统的、单一的招聘形式和招聘渠道。

高校可以通过建立并完善现有的培训制度，通过多形式的培训方式增强教职工的专业技能柔性，以提升教职工的综合素质。教职工的专业能力主要强调在教育方面表现出来的能力。在其教育期间，高校要关注教职工培养的连续性与系统性，随着教职工工龄的增长实行岗位轮换以及以老带新的教育模式；通过在日常教学活动中，增加对教职工教学能力的培养和提高，进而全面地提升教职工的综合能力，帮助其实现人生价值。在这种培养发展目标的指引下，高校可以利用多形式的培养途径，更好地增强了人力资源管理的柔性。

高校要建立并完善现有的激励机制，努力创建个性化的柔性奖励机制。高校为了实现教育目标，在教师个人发展需要的基础上，通过制定合理的行为规范与分配制度，进而实现人力资源最优配置的发展目标，实现高校利益与个人利益的统一发展。建立并完善个性化的柔性奖励机制，能够帮助教师在满足自身基础需求的同时，发挥自身的积极性、主动性与创造性，最终促进教师与学生共同发展目标的实现。在具体的操作过程中，高校要对教师的需求进行前期调查和了解，在此基础上通过一定的奖励机制实现这一需求，并通过后期与教师之间的沟通反馈，了解柔性激励机制的试行效果，为今后的人力资源管

理提供参考。

综上所述，在当前高校之间竞争日益激烈的发展环境下，高校通过将"柔性管理"应用到人力资源管理中，在认识和了解高校人力资源的特殊性的前提下，能够以这种管理方式更好地调动高校教师的工作积极性与创造性。在这种人力资源柔性管理体系中，高校可以通过实施弹性的招聘政策和薪酬管理制度，扩增教师培训路径、建立并完善柔性的奖励机制；在构建柔性管理体系的过程中，更好地实现高校人力资源的最优配置，进而为实现高校的发展目标和教学质量的提升提供保障。

第七节　鲇鱼效应在高校图书馆人力资源管理中的应用

本节主要分析高校图书馆人力资源现状，阐述应用鲇鱼效应管理的必要性和策略，提出应用鲇鱼效应的注意事项，对高校图书馆创新馆员服务与管理，改进馆员知识服务层次和学科化服务水平有重要意义。

鲇鱼效应是现代人力资源管理的一种新的激励机制，用于创建一个良性竞争环境，调动全体工作人员的竞争意识，转变其工作作风。将该激励机制引入到高校图书馆的人力资源管理中去，对转变陈旧的图书馆管理理念，创新高校图书馆馆员的服务与管理，提高馆员的知识服务层次和学科服务水平，均有重要意义。

高校图书馆馆员作为学校编制内的正式工作人员，其工作岗位相对稳定，工作环境好；与一线教师比，其工作压力更小。但作为教学科研的服务型单位，图书馆馆员的工作时间长，作息时间严、读者数量大、工作程序单调重复，工作内容烦琐枯燥，导致图书馆馆员产生职业倦怠倾向，其主要体现为以下几点：第一，缺乏自豪、自信和成就感。第二，感觉没有社会地位，人生失败，情绪低落。第三，感觉身心疲惫，缺少工作激情。第四，感觉心情抑郁、情绪焦虑等。第五，感觉前途黯淡，缺少竞争意识。

这些工作倦怠情绪和行为使图书馆馆员失去了积极进取的精神，在工作中缺少危机感和紧迫感，对读者冷漠、不负责任，影响了服务质量，引起了师生的不满，从而给高校图书馆服务与管理工作带来潜在危机。

一、鲇鱼效应含义及应用必要性

鲇鱼效应这个概念起源于挪威渔民的一个生产行为。他们从远海捕捞了沙丁鱼，在返航途中，因为沙丁鱼天生不爱运动，常导致缺氧而死。为了使沙丁鱼能活着回到码头，以便高价卖出，渔民们就放了几条好动的鲇鱼到沙丁鱼水槽中。沙丁鱼发现这些不安分的家伙在身边游来游去，感到害怕，纷纷躲避，从而间接提高了活性，获得了充足的氧气，提高了成活率。该方法由鱼及人，常被管理部门用于营造竞争环境，避免员工出现职业倦怠现象。

高校图书馆馆员的工作相对安逸，收入虽然不高但相对稳定，工作日复一日、枯燥重复，犹如沙丁鱼身边没有鲇鱼一样，缺乏活性。因此，克服图书馆馆员的"沙丁鱼"现象，激发图书馆馆员的工作热情和工作潜力，提高图书馆馆员的服务质量，对于使高校图书馆工作持续健康发展非常有必要。

二、应用鲇鱼效应的策略

鲇鱼效应是危机效应，也是压力效应，更是创新效应。基于高校图书馆馆员的工作现状，有必要应用鲇鱼效应机理，引入竞争机制，创新图书馆馆员的服务模式和管理模式，提高服务水平。具体举措如下：

（一）以人为本，营造竞争环境

国外有种流行说法是，图书馆服务的绝大部分来自图书馆馆员的素质。我国高校图书馆在应用鲇鱼效应创新人力资源管理时，鉴于知识经济时代，图书馆在信息技术、经济、行业环境和用户需求方面发生了变化并面临着压力。针对用户信息资源已由纸质文献转变为数字化信息，工作内容和服务方法也随之发生变化，管理层要重新组建，与时俱进，形成创新理念，对馆员计算机和信息检索能力提出了较高要求，建立创新型图书馆文化，对馆员进行优化配置和培养管理，成为高校图书馆事业可持续发展的关键。

（二）改革管理体制，创新用人机制

新形势下高校图书馆外部和内部环境发生了很大的变化，为此建立比较完善的人力资源管理体系：甄选机制、职业准入、资格认定、薪酬管理、绩效考核、晋级奖励等制度，提出专业知识要求和综合素质要求，实行制度化评估考核和精神奖励机制，提供各种学科和多种类型职业培训，给予馆员实现自身价值和施展才华的机会，潜在的"鲇鱼"型馆员就会脱颖而出。

（三）优化人力资源，重视合理配置

一个图书馆的管理理念、人文素养和价值取向等取决于管理者的领导行为和全馆的管理文化，直接影响图书馆的可持续发展。首先，采取馆外引进或馆内选拔方式，选拔具有创新理念的"鲇鱼"型管理者；与人力资源部门配合，构建管理者与馆员之间、馆员与馆员之间的信任、和谐的人际关系，营造有利于馆员健康成长的文化氛围。其次，管理者要善于引进或培养"鲇鱼"型馆员。在每个部门有效引进一位或几位"鲇鱼"型馆员作为图书馆发展的骨干力量，营造馆员间的竞争氛围；要善于发现馆内的优秀"沙丁鱼"型馆员，并适时地将其培养提拔为"鲇鱼"型馆员，激励"沙丁鱼"型馆员争先创优；锻炼"鲇鱼"型馆员的管理能力，逐步将其培养成骨干馆员，促进其职称评聘和职务升迁。最后，注

意资源匹配，全面考虑馆内人力资源配置，岗位中既有适合"鲇鱼"型馆员的工作内容，也有适合"沙丁鱼"型馆员的工作内容，科学配置各种类型馆员资源，激发馆员争做"鲇鱼"型馆员的动力与激情，真正发挥鲇鱼效应的正效应。

（四）吸引、培养人才，拓展职业发展

首先，要吸引并留住人才。在完成图书馆服务目标前提下，激励馆员实现个人理想目标，获得个人发展机会，使各种类型的人才能留住、用上并且发展好，使鲇鱼效应在高校图书馆中充分发挥作用。其次，要开发培养骨干。图书馆要制定科学可行的职业发展目标和激励政策，保证每位馆员都要有个人职业目标；要帮助馆员获得培训的机会，实现其个人培训轮岗制度化，提高其个人工作满意度，激发其工作潜能。最后，拓宽发展通道。图书馆应在内部实行人力资源目标管理，规范职位考核制度。馆员竞争上岗，定期轮岗；按照岗位设定的发展路线发展完善自我，激发自身潜能。图书馆要确保各种类型的馆员都有对应的发展空间。

（五）创新管理模式，实施激励机制

图书馆要重视以人为本的激励管理模式，运用领导激励艺术合理激励馆员的工作热情，开发利用馆藏信息资源，不断提升图书馆管理服务水平。一是实行目标管理。制定与每位馆员利益挂钩的图书馆目标管理体系，人人有责；为骨干馆员搭建个性化发展空间和职业发展机会，派其到先进图书馆学习取经；在设备管理自动化、资源信息数字化、共享平台建设、读者服务咨询等方面保持超前理念和独特优势，保持科学、高效、快速的可持续发展态势。二是实施考评激励。图书馆要全面考核评价馆员的德能勤绩，利用物质、目标、竞争与情感等激励组合，有针对性地鼓励和奖励创新馆员，使每位馆员都有机会施展才能，激发馆员钻研业务，进行知识创新和交流共享。三是激励认同。管理者对馆员的激励必须体现以人为本的原则，要与被激励者内心的需求吻合。

三、应用鲇鱼效应的注意事项

（一）重视应用鲇鱼效应的正效应

结合实际，通盘考虑，使鲇鱼效应在图书馆工作中发挥正效应作用。图书馆将可持续发展寄托在几个"鲇鱼"型人才身上并不现实，应注重挖掘图书馆内部潜在的"鲇鱼"型馆员，量身定制其事业发展计划，给予其重点培养，并提供发展晋升机会，使其起到真正"鲇鱼"型人才作用。只有这样，图书馆才能在和谐、融洽氛围中发展进步，不断地提升完善自我，形成互帮互助、共同进步的氛围，形成适合图书馆文化氛围的良性竞争机制，真正做到留住、用上、发展好不同类型人才，促进图书馆的整体发展。

（二）不可忽视鲇鱼效应的负效应

图书馆馆员中如果出现"鲇鱼"互斗或"鲇鱼"被同化现象，则不利于馆内人际关系的和谐。因此，管理者一定要重视"沙丁鱼"型馆员的培训发展，使其看到自身发展与升迁的机会，适时将有潜力的"沙丁鱼"型馆员向"鲇鱼"型人才方向培养，防止"鲇鱼"型人才被"沙丁鱼"型馆员同化现象的发生。另外，图书馆馆员中也可能出现"鲇鱼"型人才被抵制、被排斥的现象，部分资历较深、工作经验丰富、晋升无望的"沙丁鱼"型馆员，因职业前途被限制、职业规划被打乱，而有可能联合起来抵制"鲇鱼"型人才或另谋高就，这些都不利于图书馆人力资源的稳定和长期发展。

高校图书馆馆员的工作积极性和潜能是影响读者服务工作质量的重要因素。在知识经济时代和网络信息环境下，图书馆应秉承"读者至上、服务第一"理念，尝试引入鲇鱼效应进行人力资源优化配置和开发管理，激发馆员的工作积极性，提高馆员的知识服务层次和学科化服务水平，创新高校图书馆的服务与管理，促进图书馆人力资源管理科学、持续地发展非常必要。

第八节 "以人为本"理念在高校人力资源管理中的建立与探索应用

高校是人才聚集的地方，也是人才培养的摇篮。高校人力资源的管理对象是校园中的教职工和学生，高校的教学与科研并重的实际情况决定学校管理必须秉持"以人为本"的理念。"以人为本"的理念不仅是一种创新，更是具体实践。高校管理只有坚持"以人为本"，才能调动人、发展人，才能充分体现人性化关怀，进而激发工作人员的积极性，使高校各项业务顺利开展，并取得一定的成果。据此，本节以"以人为本"管理理念的建立为前提，对高校人力资源管理进行了较为详细的论述，希望对高校管理工作者有所帮助。

"以人为本"的管理就是人本管理，指的是在人力社会的各类组织活动中，从人的角度思考问题，按照人的发展进行管理。我国自古就有这种管理模式，"天地万物，唯人为贵"是古代先贤早已有的思想。高校在发展中实现人的发展是根本目的，而实现人的发展必须坚持"以人为本"，所以"以人为本"理念在高校人力资源管理中的重要性就不言而喻了。

一、树立以人为本的管理理念，从行政管理向人本管理转变

"以人为本"的管理理念就是要把行政管理转变为人本管理。"以人为本"管理模式的核心就是管理者以一种服务的心态，将管理对象的实际发展作为自己管理的最终目的的一种管理方式。行政管理本身偏向于压制性的管理模式，并没有将管理者和被管理者放在同等地位上，"以人为本"的管理模式就是要改变管理者和被管理者之间的不平等关系，

将提高被管理者的工作积极性、工作能动性和创造性作为核心进行管理。随着社会的进步和人类的变迁,行政管理向人本管理的变迁既是历史发展的必然结果,又是人类进化的必然方向。虽然这一变迁对高校人力资源管理有一定的影响,但是也为高校日趋陈旧的管理带来了一丝曙光。

(一)以人为本对待教职工工作

高校发展的关键就是名师。高校没有一流的科研工作者和教学工作者,就很难培养出一流的学生。现代高校的办学宗旨是充分地展现高水平教师和科研人员的主体精神和创造精神。因此,高校人力资源管理就应该以人为本,以教师为本,将教师的发展和学术发展放在首位,这样才能实现学校发展的最终目的,顺利解决学术和科研方面的难题。

(二)以人为本管理学生工作

"以人为本"的学生管理工作理念,就是树立起学生是主体的服务理念,改变之前"学生不服管,领导无力管"的矛盾现象。"以学生为中心"就是以学生的需求为管理方向,倡导学生的自由个性发展,并为之提供一定的物质服务。管理人员要充分尊重学生的思想和发展,尊重学生的人格和自尊,以学生的发展和爱好为主,尽力满足学生的正常需求,以促进学生的全面发展和健康成才。高校"以人为本"的学生管理模式还强调在管理中必须调动学生的积极性,将学生当作教育和管理的主体,将学生看作学校发展的主人翁,促使"学生管学生,学生自我管理"的进行,这样才能营造出良好的校园氛围,促进高校长远、稳定的发展。

(三)制度约束和以人为本相结合

制度约束和以人为本是两种不同的管理理念,看似矛盾但实则是辩证统一的。只有找到两者的相通点,使之互相渗透、彼此依存,才能使管理更加科学化、人性化,达到刚柔并济,科学管理的境界。

为了实现制度约束和以人为本的结合,首先,管理者要清醒地认识到制度不是管理者个人意志的体现,管理者的存在只是确保制度的顺利执行。因此,所有规章制度的制定必须有被管理者——高校一线教师的切身参与,管理者在制定规章制度的时候必须充分尊重教师的意见,以教师的意见为基准起草。这样才能让教师受到尊重,进而使教师对条款产生认同感。其次,制度管理虽然是刚硬的,但并不是不人性化的。如果将制度本身看成"刚性",将人性管理看成"柔性",那么管理者就应该是"柔中有刚,刚中有柔,刚柔并济"的。例如,在平时的教学管理中,对待错误,管理者如果完全按照规章制度处理问题,则可能让广大教师产生"不近人情"的想法。"法理不外乎人情。"管理者应该"先兵后礼",先解决问题,后促膝长谈,让被管理者明白,按照规章处理问题并不是找茬,而是助力工作顺利进行。

管理就是要先管后理，人力管理就是人心管理。人在被管理的过程中总是希望被尊重，教职工只有在被尊重的前提下，才会自觉遵守规章制度。而学校发展只有切实为教师发展带来好处，教师才会切身感受到学校发展和自己发展的关系，进而更加遵从学校管理，这样高效管理才能再上新台阶。

二、树立以人为本的管理理念，从单向式管理向双向互动式转变

（一）增强创新管理的内涵

随着社会的发展，管理者对管理理念的认识也越来越深化。改革开放以来，管理者对管理的内涵理解越来越与时俱进。高校人力资源管理是指顺应高校需求和教职工要求，对人力资源进行有效开发、合理配置、充分利用和科学管理。

在人力资源管理中，没有情的疏导就没有理和法的落实，管理讲究"理化"和"顺情"。"理化"就是用道理去教化被管理者，"顺情"就是以感情同化被管理者。先理后情是顺序，理情同下是手段。但是，在管理中，情理教化都离不开教育；反过来，教育的最佳手段也是以情换情，以德感人。所以情的疏导和理、法的落实是相通的。

虽然"以人为本"的管理模式强调人的主体地位，强调人的自我管理，但是高校教师的个人素质各不相同，仅仅依靠教师自己主动认识自我，主动地进行自我管理是远远不够的。所以，管理工作者必须不断反思管理模式，创新管理模式，将尊重教师放在首位，站在教师的角度审视管理内部，不断优化管理制度和管理理念。另外，管理者还要以身作则。制度的遵守必须从管理工作内部开始进行，没有良好的榜样就没有忠实的追随者。这就要求管理者要首先自己做到遵守制度，以身作则，这样才能凝聚全体教师的力量，共同为创造一个充满乐趣的工作环境努力。

（二）以换位思考实现双向互动式管理模式

换位思考的管理模式能够帮助管理者实现双向互动。在高校工作安排管理中，换位思考能够使管理者切身感受教师的处境和情感态度，能够避免管理工作主观臆断，取得事半功倍的效果。

现代管理工作强调以人为中心，换位思考正是突出人在管理中的主体地位和作用。换位思考能够帮助管理者正确决策并且正确预测决策效果，能够在很大程度上帮助学校实现长远发展。笔者认为，高校可以采用"集体目标"的方式提升换位思考的践行力度。在高校教师自我管理的基础上，以学校集体目标或者学院集体目标的实现为引导，以提高其内在发展动力。同时，高校还要给予教师充分的尊重和权利，使他们能够在力所能及的范围内积极努力，自由发展。在高校管理中，人员管理是主要方面。学校管理的主要目的就是调动和发挥被管理者的工作积极性和管理参与热情，让被管理者同管理人员之间产生一种祸福与共的情感，激发他们的主人翁意识，最终达到"不管而理"的状态。所以，

管理者和被管理者的换位思考既是对高校管理现状的适应表现，又是管理者和被管理者实现无障碍交流的必然要求，更是高校管理民主化与科学化的重要辅助手段。

　　另外，高校人力资源管理的换位思考的必要性，也是由高校被管理者的特殊性决定的。高校是一个高级知识分子密集的区域，高级知识分子的共同特点是极其富有工作热情，普遍具有较高的参与热情，善于思考，善于发现问题，具有较强的自尊心，在基本需求被满足的前提下极易激发出更大的研究潜力。所以，他们更能适应换位思考这种较为民主的管理方式。从另一角度来看，换位思考实质上是对市场情况的预测，在一定程度上能够纠正管理者的错误决策，能够避免管理者因为主观臆断而产生带有武断观念的判断。因此，如果高校在管理和决策的时候重视换位思考的重要性，那么不仅决策与管理落实的力度会被大大提升，而且学校各项工作的健康和谐发展也能被有效推动。

　　"以人为本"的高校人力资源管理模式是高校管理的必然发展，也是高校管理的本质体现，在高校管理中占据着非常重要的位置。从某种意义上讲，高校管理中对人的认识和重视程度将会直接影响我国高校管理模式的转变。我国高校"以人为本"管理模式的创建和完善还有很长一段路要走，相关工作者要携手并进，砥砺前行。

参考文献

[1] 徐颜. 心理学在人力资源管理工作中的应用探析 [J]. 经营管理者，2016（32）：17-20.

[2] 李京华. 影响人力资源管理培训效果的因素分析 [J]. 现代工业经济和信息化，2016（21）：10-23.

[3] 徐凯. 人力资源管理在企业经营管理中的重要性 [J]. 现代经济信息，2016（21）：50-90.

[4] 陈芳. 事业政工与人力资源管理工作问题研究 [J]. 产业与科技论坛，2016（34）：40-67.

[5] 潘春梅. 人力资源管理中员工培训的重要性分析 [J]. 科技展望，2016（34）：20-50.

[6] 黎华. 地勘单位人力资源管理现状、问题及对策研究 [J]. 当代经济，2016（33）：70-90.

[7] 马俊. 员工视角的企业社会责任、人力资源管理与组织绩效关系实证研究 [D]. 天津：南开大学，2014.

[8] 李春梅. 如何使人力资源管理和财务管理实现双赢 [J]. 企业改革与管理. 2016（21）：148.

[9] 杨浩，戴明月. 企业核心专长论——战略重塑的全新方法 [M]. 上海：上海财经大学出版社，2000.

[10] 吴长煜. 风险环境下的企业财务战略 [M]. 沈阳：辽宁大学出版社，2002.

[11] 王华. 成本会计学 [M]. 上海：上海交通大学出版社，2012.

[12] 赵有生. 现代企业管理2版 [M]. 北京：清华大学出版社，2006.

[13] 梁少秋. 现代企业管理2版 [M]. 南京：南京大学出版社，2010.

[14] 周海娟. 现代企业管理 [M]. 北京：中国发展出版社，2011.

[15] 张忠寿. 现代企业财务管理学 [M]. 上海：立信会计出版社，2013.

[16] 王化成. 财务管理 [M]. 北京：中国人民大学出版社，2013.

[17] 刘淑莲. 财务管理 [M]. 大连：东北财经大学出版社，2012.

[18] 傅元略. 中级财务管理 [M]. 上海：复旦大学出版社，2007.

[19] 刘益. 战略管理工具与应用 [M]. 北京：清华大学出版社，2010.

[20] 刘宝宏. 企业战略管理 [M]. 大连：东北财经大学出版社，2009.